Ten Years 危局 to Midnight:

攸關自己與下一代的
4大政經危機，
我們選擇戰鬥或逃避？

Blair H. Sheppard
布萊爾．謝帕德——著

吳書榆——譯

獻給我的妻子瑪莎（Martha），
她陪我一起經歷創作出這本書的所有過程，
仰仗她的耐心才讓我能寫出這本書。

導讀

現代迷你版《原富》（《國富論》）

接到出版社送來這本書稿的同時，幾家電視台正在同時段重播著《末日預言》、《明天過後》，以及《雙子殺手》這幾部好萊塢電影。這些影片之所以會一再重複播映，想必每次的收視率都很高，也就是受到收視者喜愛或重視。這三部影片的內容都與人類的生死存亡有著密切關係。第一部描述人類的滅亡和新生，第二部演出氣候突變重創人類，第三部則描述ＡＩ替代真人的種種，也在探索高科技於人究竟是福是禍的課題。

人類災難的示警比比皆是

類似這三部電影傳達的人類災難、甚至世界末日、人類將滅亡的影片可說俯拾即是，而末日預言書也很早很早以前就有，某些宗教甚至無時無刻都在示警人類將亡。不過，這些訊息要嘛是杜撰的，要嘛是零星、局部性的，難以讓人有切膚之痛的共鳴，或者只有「狼來了！」的效應。

這本由布萊爾這位資誠全球策略與領導事務負責人結合資誠團隊，經由全球訪察研究，群策群力完成的《危局：攸關自己與下一代的4大政經危機，我們選擇戰鬥或逃避？》新書所揹來的警示，卻是現實人間實實在在的、真實的存在，非但不可小覷，還要認真看待。該書就當今全人類所面臨的迫切危機，以故事、主張與證據的混合方式，赤裸裸地呈現出來，並明示「我們真的已經開始危機前十年的倒數了」，如果不盡速找出處理這些危機的方法並踏上解決問題的長路，未來就要承受更悲慘的後果，也許就是毀滅或末世了。

本書分成兩部，第一部描述現狀；第二部提出因應危機的解決方案。對於現狀，本書以「ADAPT」五個英文字母指出五大憂慮：第一個「A」是指Asymmetry，亦即「不對稱」，指的是全球貧富不均日趨嚴重，中產階級遭到侵蝕。「D」是指Disruption，就是「破壞」，指的是科技普遍具有破壞性特質，對個人、社會和氣候造成衝擊。第二個「A」是指Age，亦即人口組成的年齡變化，而人口組成變化對於企業、社會制度和經濟造成壓力。「P」是指 Polarization，亦即「極端化」，是說全球無法達成共識，世界分崩離析，國家主義與民粹主義日益盛行。「T」是指 Trust，亦即「信任」問題，指的是人們愈來愈不信任支撐起社會的各種制度。

除了以「ADAPT」架構來傳達世人共有的憂心外，作者進一步應用數據來判斷大家擔心的事確實已經匯聚成真正的危機，而 ADAPT 綜合起來就是導致四大危機的背後理由。這四大危機分別是財富危機、科技危機、制度正當性危機，以及領導危機。隨著每種危機惡化，又危害 ADAPT 裡的各種要素，讓負面衝擊加倍，變成惡性循環。

四大危機有解方嗎？

本書第二部提出因應危機的解方，將二戰後導引全球復甦、並幾乎讓每個地方都跨入可觀成長時代而廣受認可的模型，重新評估並修正其各個面向來反映與因應現今的條件與需求，擬出一套新模型，在第七到第十章中深度探討新模型並得出解方，來幫助創造出一個更平等、更包容、更繁榮的世界。提出「在地優先」的經濟成長、重新設想成就、恢復失靈的機構制度，以及以「創新是一種社會公益」理念重新整理科技。由於重塑思維、制度與共同文化很耗時，但危機有迫切性，需轉用一套新的「全球性行動模式」，持續讓最重要的制度和組織有新氣象，挑選「失業」和「氣候變遷」這兩大全球危機，在第十一章中提出解方扭轉危機，快速創造出令人渴望的未來。若要達成所有目標，我們需要新類型的領導人，這是本書最後一章〈領導：重新建構影響力——在矛盾間求得平衡〉所探討的主題。

其實，本書所提的五大憂慮和四大危機，多年來已個別受到注目並充分討論，本書將它們結合起來一起探討，畢竟各項危機環環相扣，的確需要一起考量，而本書所提的解方，並不是空想，在各地都有實例，並非空口說白話、打高空，而且本書抓到一個重點，要有效解決問題，需要地球人「大家一起來」，分工合作用「獨創、願景、創新、活力、聚焦、全新紀律以及大量同理心來修復世界，讓每個人都受益。」最重要的是找回善良的人，而書中所強調的「信任」或「誠信」，以及「同理心」，無疑是最要緊的，而「與人為善」、免除自私，將當今世人被共產主義洗腦後的「假、惡、鬥」習性扭轉，向上提升為「真、善、忍」。

《原富》2．0

讀完本書，腦中竟然浮出一七七六年出版的《原富》這本開創經濟學的經典中之經典書，它是「經濟學始祖」亞當．史密斯（Adam Smith, 1723~1790）在一七六四年初帶領其公爵弟子遊學歐陸，與該地頂尖學者切磋討教之後，費時六年，再經三年潤稿之後出版的鉅著。由書名 An Inquiry into the Nature and Causes of the Wealth of Nations 即可得知，該書旨在探索「財富」的本質，以及全球或全人類財富的成因。史密斯得出「分工」、「自由貿易」、「自由市場」或「不可見的手」是最重要的因素，他反對「重商主義」，並對政府的適當功能做詳盡的解析，最重要的，隱含人需有「誠信」、「倫理道德」這些重要元素。而這本《危局》也旨在截窒世下流，引導全球回歸繁榮、富足，所提出的藥方正是找回善良、誠信、全球分工合作，善用科技做好事，也是作者走訪各地專家、集思廣益之後完成的，與《原富》可說異曲同工，或可稱為「現代迷你版《原富》」。

我們知道，《原富》出版之後「一鳴驚人」，不但讓史密斯成為一門新學科的創始者，而且該書中的文句，在國會進行辯論或討論法案草案時，常被當時的英國國會議員引證，反對者大多不再反駁；一些國家制定政策時，也都將《原富》的基本觀點作為依據。該書不僅流傳於學術界和政界，而且一度成為不少國家社交場合的熱門話題。個人期許這本書也能有此種成效！

吳惠林／中華經濟研究院特約研究員

推薦文

太陽花學運之後，我開始改變我的教學內容，因為我知道，許多學生心中有和我一樣的困惑與憂慮。二十世紀的全球化發展原先為這個世紀創造了和平與繁榮的期待，卻在近二十年裡出現各式各樣的自然與人為災難，肯定有些事出錯了。原書書名是指「這世界離末日時鐘的午夜只差十年」。十年，一下子把科幻的時間拉進了現實，還來得及扳回即將出軌的列車嗎？這本書的作者們不僅指出了問題的原因，還開始認真思考問題的答案。我會推薦這本書給曾經在我課堂裡上課的同學，以及將來的學生。

劉瑞華／清華大學經濟系教授

這個世界走到了關鍵的轉折點，誠如本書作者布萊爾所言，全球正面臨

「ADAPT」五大挑戰，包括不對稱（Asymmetry）、破壞（Disruption）、人口組成的年齡變化（Age）、極端化（Polarization）和信任問題（Trust）。COVID-19 疫情更使情況加速惡化，我們僅剩十年不到的時間來解決這些挑戰，若不採取行動，恐怕引發四大危機：財富危機、科技危機、領導危機、體制危機，並造成無法彌補的傷害。我們必須立即採取實際行動，避免這個世界一步步走向災難。

《危局》英文版出版後，立即引起國內外企業和主管機關的回響，為了讓國內更多讀者和企業能夠快速掌握此議題，資誠聯合會計師事務所率先於二〇二〇年十二月出版《午夜前十年的倒數計時：四大迫在眉睫的危機和策略解決方案》中文導讀手冊。一年後，我們樂見時報文化出版公司出版《危局》中文版，讓台灣讀者能夠更完整了解我們面對的世界，以及有什麼解決方案來扭轉危機。

與本書立意一致，為協助企業尋求永續經營的解方，資誠今年也推動 The New Equation 新方程：建立信任、成就永續，匡助領導者把眼光放遠，積極為永續做準備。期盼本書能協助領導者在面對各種挑戰時做出全方位決策，並以新思維重新定義「成功的企業」，協助企業制訂更合乎時宜、涵蓋面更廣的成功衡量標準，以做出更好的行動，重新塑造更美好的未來。

周建宏／資誠聯合會計師事務所所長暨聯盟事業執行長

法國作家馬塞爾．普魯斯特（Marcel Proust）曾說：「The real voyage of discovery consists, not in finding new lands, but seeing with new eyes」，也就是一個真正的探索之旅，不是在尋找新大陸，而在於擁有新的眼光。

這句話，與作者布萊爾的觀點不謀而合。他在訪察全球後，以多年觀察全球政經與環境變遷的敏銳眼光，深入淺出地整理出當今世界趨勢及應對的想法，不僅見解獨到，更能發人深省。如今世界充滿紛爭，且這些紛爭往往會快速擴大及發酵，若沒有及時處理，影響不堪設想。本書就像「警世之言」，能有系統性地點出人類當下面對的隱憂，並提出相應的可能解方。

身為金融業從業者，作者提醒企業必須善盡企業公民義務，找出獨特定位，方能永續經營；正如《易經》訟卦中「君子以作事謀始」，勸戒人們在任何事情開始之前，就應該認真進行全盤思考，以免導致不良的後果。

讀者在閱讀本書時，不妨也跟著作者的腳步，思考我們在以一舉一動形塑世代樣貌的同時，應該如何懷抱長遠的眼光，為下一代考量，覺察挑戰，進而扭轉危機。

林鑫川／星展銀行（台灣）總經理

目次

序

當我想閱讀一本書並思考應該怎樣消化內容時，我會從四個基本問題下手。這本書來自何處：我信任這本書的出處嗎？這本書的讀者是誰：內容和我切身相關嗎？作者的意圖是什麼：我在乎他們寫什麼嗎？以及我對這本書有何期待：我能樂在其中嗎？假設各位讀者當中也有人這樣想，那麼，思考一下這幾個問題是很值得的，因為這能幫助我們做好準備，好好讀一讀本書接下來的內容。

本書有兩個源頭。第一組的想法由我和其他作者一起發想，我們透過一套全球探索的流程，深入檢視十六個特定國家有哪些議題。從某方面來說，一起發想概念對本書的作者群以及主事的資誠（PricewaterhouseCoopers，簡稱 PwC）同仁非常有助益，讓大家能更清楚看到，有哪些證據指向本書討論的核心憂患確有其事。第二組想法來自我個人在職涯發展的四個階段得到的體驗。我過去的工作經驗林林總總，包括在資誠擔任策略與領導的全球主管，這份職務讓我得以跨足全球並獲得極為重要的觀點，確認了本書宣稱全球人們都有類似憂慮的中心要旨。我曾在杜克大學（Duke University）擔任福夸商學院（Fuqua School of Business）院長，任職期間我有機會在相當個人的層面體察到機構制度變革帶來的挑戰，更有幸善用這些機會協商出基本合約，在中國崑山創辦了杜克大學分部。我也擔任過杜克企業教育集團（Duke Corporate Education）的創辦人和執行長（這是全球第一家真正的高階主管教育事業），任期內我學會觀察全球化、科技以及親手做簡單的事物，在領導與變革方面的思考也更上一層樓。最後，在我擔任教授的幾年間，我的組織與社會基本概念也初具雛形，這些想法使得我在整個事業生涯當中受益匪淺。

本書可以說是群體合作的產物，同時也是個人的心血結晶。本書有雙重起源，因此，雖然書封上列名多位作者，但內容卻是以第一人稱寫成。相關的經驗、架構和歷史源頭都是出自於我，主要的論據則大部分來自大家共同的努力。雙重源頭有一項好處，那就是雖然主要作者是一名年長的北美白人男子，但是負責發想與調查的是一群背景非常多元的伙伴，來自二十餘國，結合了各種族裔、年齡、宗教和個人認同等難以逐一詳列的元素。和同仁們合作撰寫本書，有一件事深得我心，就是我們面對了一場持續的挑戰，一方面要盡可能找出最平衡、最全面的觀點，同時又要維持一貫的敘事語調。如果偶爾偷渡了一些比較狹隘的看法，純屬我個人的失誤。我的同事們十分出色，他們在呈現本書的概念時，盡可能權衡最多元的看法。就我們的目的來說，這一點非常重要，如果我們在發想期間沒有盡可能納入全世界的各種變素，就無法主張大家都應該要擔心這些事。

不管是來自哪個鄉村、城鎮、都市或國家，本書討論的各項憂患關乎我們每一位世界公民，可以說每一個人都是本書的目標讀者。但這樣的切入點無法寫出中心思想一貫的內容，也因此，雖然我們希望樂於思考的讀者都能在本書中找到價值，但大致上來說，這本書設定的主要讀者，是那些要扛起責任來因應書中所指的迫切危機的領導者。這些目標讀者身居要職，可以做些有益之事，他們可能是某個團體、國家、國際性機構、州、省、市、組織、非政府組織（換言之，就是我們生活中所有重要的組織）裡的關鍵成員，或者，他們曾經成功解決引發危機的問題，累積出資源和經歷，可以引導世人重新思考如何修復他們也參與破壞的事物。至於其他讀者，本書則能提出一套方法，讓大家理解我們目前居住的是什麼樣的世界、我們可以幫上什麼忙，更重要的是，我們對領導者應該有何期許。

從某些方面來說，我已經把本書的核心宗旨講得很清楚了：幫助每一個人理解這個世界正在面臨哪些貨真價實的危機、危機背後的迫切性，並提出一套構想，談一談我們能有哪些實際行動。這就呼應了本書的書名。當我們在理解這些讓人憂心的挑戰時，碰上的是一套非常驚人的模式。以多數的議題來說，我們只剩十年的時間可以因應，不然的話，情況將會更趨惡化。就算沒有走到末路，但如果我們不去找出處理這些危機的方法並踏上解決問題的長路，未來就要承受更悲慘的後果。我們真的已經開始**危機前十年的倒數**了。

最後，讀者能對本書有什麼期待？本書所有作者（僅一位除外）都在全球最大型的專業服務網絡中任職，其中包括全球規模最大的會計師事務所，因此，可以預見我們會提出背後的證據來支持這些說法。我們盡力不要放進太多數字，但是也不會在沒有證據之下就大膽斷言，這些想法都歷經了我們長時間的辯證才出線。這本書裡最重要的部分，是每個揭示了後果與解決方案的故事；要落實解方，需要每一個人拿出勇氣與洞見來實踐。讀者可以期待本書是故事、主張與證據的混合體，我們希望能做到適當的平衡：愛聽故事的人可讀到夠多的故事、樂見數據的人會覺得充實、喜歡看到好架構與理論的人也能感受到我們的用心。

本書集結了眾人的心力，但說到底，個人化的色彩還是很濃厚。書中提及的人物都是我認識且極為敬重的人，講到的地區都是我深為關切之地，要傳達的訊息更是我深切期望大家都能聽取的資訊。我有兩個孫女，我很想留給她們一個健全美好的世界，如果我們不因應危機，這樣的世界將不存在，這也會是一件非常讓人遺憾的事。

第一部

這個世界如何步步走向災難

當人生處於轉折點，無所作為會讓情況加速惡化，採取適當的行動則有可能帶來美好的結局。如今這個世界就走到了這樣的關鍵點上，我們沒有太多時間，要趕快做出正確的選擇與採取適當的行動。

諷刺的是，促使我們來到這個轉折點的力量，也曾經在這個世界創下幾十年的美好成就。自一九五〇年以來，至少對蘇聯除外的西方世界（以及許多人民渴望躋身其中的國家）來說，大致都認同自二戰結束後出現的諸多思維引領世人面對挑戰、善用當時特有的機會。然而，我們都因此變得自傲自滿。一年一年過去，我們已經不願質疑戰後所做的選擇發揮了哪些作用、造成了哪些後果，也不去關注科技和其他力量如何改變了我們過去打造的體系。

這是一大錯誤。我們一心遵從灰色世界秩序的後果，到今天已經匯聚成讓人不安的危機：一系列極為複雜、影響深遠且難解的全球性問題，根本無法再靠便宜行事來應對。的確，由於我們到目前為止都無法確實地揪出這些問題（更遑論迫切地以新穎、富有想像力的方式來解決問題），它們已經開始變身成為可怕的危機。我們必須現在就化解危局。

我用整本書深入描繪這些挑戰，並提出新穎的解決方案。我透過一條極有意思的途徑找出這些危機。我以一般人覺得這個世界已成為一個讓人憂心之地為題，拜訪政界、商界以及公民社會的領袖，也在遍及全世界的咖啡店、旅館、學校、機場、公車和計程車上與一般人對話，詢問他們對未來有何看法。我發現，大家都很憂心，每一個人都有深深的疑慮。為了摘要這些重複出現的憂慮，我和團隊發明了一個詞「ADAPT」：

「A」是指「Asymmetry」（不對稱）：貧富不均日趨嚴重，中產階級遭到侵蝕。

「D」是指「Disruption」（破壞）：科技普遍具有破壞性特質，對個人、社會和氣候造成衝擊。

「A」是指「Age」（人口組成的年齡變化）：人口組成變化對於企業、社會制度和經濟造成的壓力。

「P」是指「Polarization」（極端化）：全球無法達成共識，世界分崩離析，國家主義與民粹主義日益盛行。

「T」是指「Trust」（信任問題）：人們愈來愈不信任支撐起社會的各種制度。

我很意外的是，人們在與我對話時居然沒有提到他們也擔心傳染病。當我們試著找出一條路，以破解「ＡＤＡＰＴ」架構中的各項議題時，傳染病又引發了兩項需要考量的新問題：如何從疫情中恢復，以及如何為下一次的大流行預作準備；還有，如何面對防疫決策造成的政治與經濟後果。疫病會是另一種大規模的破壞，我們面對疫病，要像面對本書談及的其他破壞力量一樣，安頓好自己以承受其衝擊。確實，疫病會大範圍影響「ＡＤＡＰＴ」所有因素且加重風險，比方說，讓各國國內以及國際間的失衡加劇，並讓人民更加質疑是否要信任為了管理人民生活而設立的各種機構。

如果只是傳達世人共有的憂心，卻沒有應用數據來證明大家擔心的事確實已經匯聚成真正的危機，並不足夠。因此，在其他作者群策群力合作之下，我開始以更紮實的方法來檢視這些不斷出現的憂慮，本書第一部就呈現了我們的成果。

我們發現，這套「ＡＤＡＰＴ」是一套很實際的架構。貧富不均、科技帶來的問題、各國以不同的速度老化、社會崩壞以及失去信任，綜合起來就是導致四大危機的背後理由，而這四大危機分別是：財富危機、科技危機、制度正當性危機以及領導危機。

此外，隨著每一種危機更形嚴重，又惡化了「ＡＤＡＰＴ」裡的其他要素，讓負面衝擊加倍。「ＡＤＡＰＴ」架構以及自此衍生出的危機混合在一起，變成一套惡性系統。

如果任由貧富不均擴大並長期繼續下去，風險是有非常多人會覺得自己的人生根本不會好轉，不如乾脆放棄。但是，相反的前提才能創造繁榮：人們要對未來有信心，從而充滿活力地創造、工作、投資和建設。如果失去信念，為了改善社會而進行的創新就會減少，科技也不再是一股強大的為善力量。若再考量到有一些年輕的國家能為年輕的工作世代提供的機會有限，這很可能引發動盪，並快速在全世界蔓延。

如果我們還沒有準備好去管理無所不在的科技帶來的負面結果，或者不去發展能提升文化、強化合作能力與改善生活的科技，社會必然分裂成大大小小的個人主義朋黨派系。為了利用分裂的社會，各黨各派的政治領袖都跳出來推動頑強的分裂主義，只拉攏一小撮人，而不思考有利於改善眾多人民生活的包容想法。在這樣的環境下，即便制度機構對於社會的有效運作十分重要，但仍被人忽略、甚至遭到主動攻擊，不再與人民的生活息息相關，更被用來當成政治籌碼。如果我們繼續分裂下去，不再信任未來、社會、領袖和制度，就看不到任何化解罩頂烏雲所必要的變革發生。

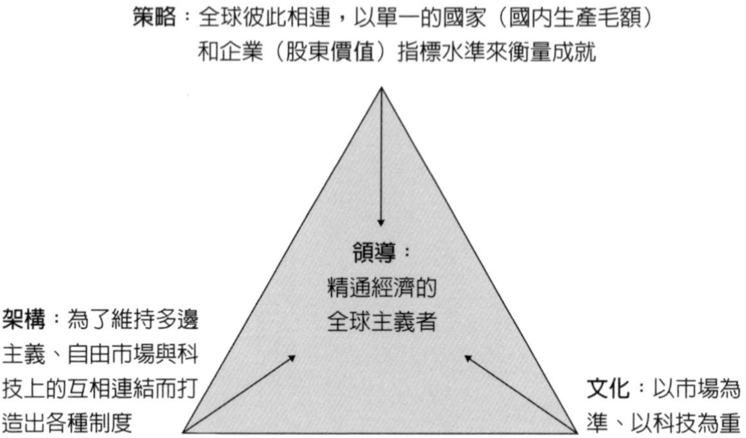
策略：全球彼此相連，以單一的國家（國內生產毛額）
和企業（股東價值）指標水準來衡量成就
領導：
精通經濟的
全球主義者
架構：為了維持多邊
主義、自由市場與科
技上的互相連結而打
造出各種制度
文化：以市場為
準、以科技為重

圖 P1.1　帶動二次大戰後70年成就的全球共同協調運作模型

資料來源：作者群繪製

為求能穩紮穩打探索出我們究竟是如何走到目前的轉折點（以及應如何因應），利用我從教師、領導者和顧問生涯中領悟出來的一套簡單模型（見圖 P1.1）來檢視變化，很有用處。無論是組織、制度還是社會，要能成功轉型必須調整四大要素：策略、架構、文化和領導。

二次大戰之後，全球各國的經濟遭到重創，需要重建。在由美國背書的馬歇爾計畫（Marshall Plan）所導引的大部分作為之下（這項計畫為蘇聯集團之外的歐洲各國提供資金，讓他們擺脫最嚴重的經濟難題），有史以來第一次，一個用前面述及的轉型模型為基準的全球互聯經濟體成形。我們可以細分其中的元素如下：

- **在策略面**，使用以下的成就指標帶動全球化與互通互聯的市場經濟：以國家層次而言，注重的是國內生產毛額，以企業層次而言，注重的是股東能得到的價值。
- **在架構面**，建立制度以撐起國內生產毛額和股東價值成長，並鞏固這套變革模型的原則，強調自由市場、多邊主義和科技的互通互聯。
- **在文化面**，營造環境追求以特定指標判定的最高市場成就，持續為了接下來的科技創新而奮力不懈，以求帶動效率和成效。
- **在領導面**，將人才培養成精通經濟的全球專家，重點放在國內生產毛額和股東價值上，因為這些是判斷領導者成敗與擴張全球影響力的重要指標。[1]

一九八六到九二年是分水嶺，這段期間，全球網絡模型可說是火力全開。一九八六年，倫敦自治市（City of London）放鬆管制，回過頭來引導出各地大規模的資本市場自由化。兩年後，全球資訊網（World Wide Web）問世，營造出開放的電子通訊與資訊論

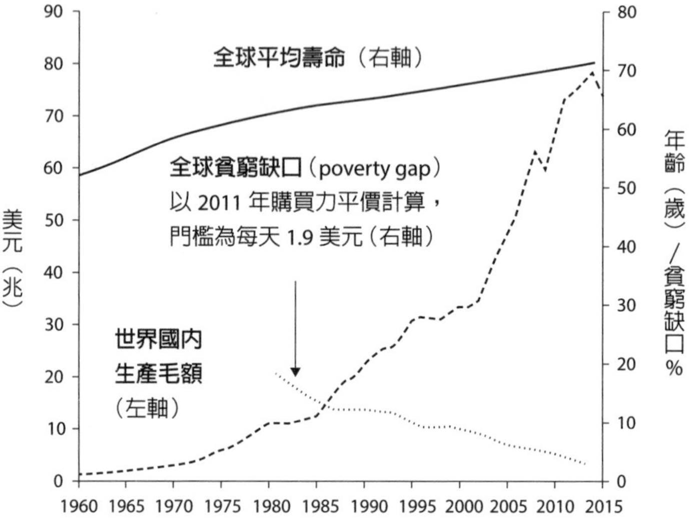

圖 P1.2　自 1960 年以來的經濟與社會進步

資料來源：databank.worldbank.org.

壇，以前所未見的方式促成全球的互動與創新。一九八九年，柏林圍牆倒塌，一群原本被鎖在鐵幕之後的新國家發展出某種形式的新市場經濟，踏入了全球社群。三年後，鄧小平的「南巡」確認了中國要採行市場導向的改革，全球貿易將成為中國的根基，在這個全世界人口最多的國家創造出史無前例的成長。

在二〇〇七年之前，這套模式看來很有效，至少表面上如此（請見圖 P1.2）。全球國內生產毛額以驚人的速度成長，讓幾十億人脫離貧窮，在全世界創造出大量財富，提升了整體的健康與福祉。一九八〇年代末之後的二十年，世界上有一半以上的人口加入了全球經濟體，同時活絡了開發中國家和已開發國家（後者是前者銷售產品與服務的對象）。

然而，二〇〇八年的金融危機以及隨之而來的全球衰退，讓成就背後的黑暗面浮上檯面；戰後的經濟與社會大有進展，世人陶醉在幸福當中，進而掩藏了這些缺點。經濟走下坡帶出了陰暗面，讓我們看到很多人根本再也無法從全球經濟秩序當中受惠，這些人和其他有權有勢、仍能從中賺取好處的人脫了勾，成為兩個世界。股市、房市和資本市場的崩解，讓弱勢族群不斷膨脹，變成更難忽略的一群人。「ＡＤＡＰＴ」架構找到的全球問題與人民憂慮，就是在二〇〇七年之後的這段期間，才漸漸開始為人所知，進一步說明如下：

- **「A」代表的不對稱**：全球化的收穫之一，是全球各地的勞動薪資不斷常態化，這對於新興國家的人民以及已開發國家的資本主來說是好事，但是對於會因為全球化失去工作而必須面對薪資停滯的國家，比方說法國、英國和美國的人民來說，就不太妙；在這些地方，製造業過去曾提供大家搶著做的工作，提供不錯的薪資和福利。從個人和地區的層次來說，全球化是引發不對稱的主要原因。

- **「D」代表的破壞：**科技創新加速發展，在許多方面導致破壞，網際網路幫忙創造了經濟交換與資訊移轉的全球平台，許多新企業應運而生，效率更是大幅提高，但這也破壞了傳統產業，後者所聘用的員工人生多半因為全球化而遭受傷害。此外，讓人類生活得以更輕鬆的科技進步，卻也加速了氣候變遷，威脅到人類的生存。
- **「A」代表的人口組成年齡變化：**主要工業與服務業的就職條件出現大變化；人口年齡問題（有些國家高齡或幼齡人口比例愈來愈高）早已讓「ADAPT」架構中現存的挑戰更加嚴峻，而這只不過是其中的一個面向。
- **「P」代表的極端化：**用股東價值來衡量企業或者用國內生產毛額來衡量國家，這些都是很單一的指標值，要達標不難，且有助於人們做出資本投資決策，但是，這也導致人們僅用單一的觀點來看經濟成就，排除社會福祉，罔顧有一大群被剝奪好好過日子權利的人，正在應付哪些實質問題。科技帶來的意外後果就是加劇的極端化。

• **「T」代表的信任問題**：當破壞愈來愈嚴重，人們不再樂觀看待未來，制度（這是一個廣義的說法，泛指稅務系統、大學、軍警、政府機構等等，無法一一列出）也就搖搖欲墜，經常無法為遭到各種負面趨勢夾擊的人們帶來撫慰與安定。這使人們更加不信任機構制度與領導者。

需要警覺的是，就每一項危機來說，我們只剩下十年時間可因應，這是因為：幾十億的非洲青年在二〇三〇年之前就會成長至可工作的年齡；從法國的黃背心運動（Gilets Jaunes）到香港的抗議事件，預示著未來將有更大型的抗爭行動，全球也將分崩離析；如果持續無作為任憑氣候變遷，再過十年將會出現不可逆的後果；要大量仰賴政府預算的大批難民群體，十年內將不計其數；制度失靈在未來十年將達到一個爆發點；科技平台以及這些平台造成的結果，很可能在二〇三〇年之前重寫製造業與多數服務業的規則。在危機真正發生之前，我們只剩十年，而時間正一分一秒過去。

這並不是說我們還有十年時間來啟動解決問題流程，不是的，這是指：以多數危機來說，我們只有十年的時間去應對。這不是一項輕鬆的任務，我們必須徹底重新思考看似已經不證自明、在過去七十年來帶動全球向上提升的所有假設。我們必須重新建構對政治經濟的看法，重塑過去讓社會有效運作的制度，約束在帶來好處的同時也造成傷害的科技與平台，並找到方法讓分裂的世界再度整合。這些都是大規模的任務，要完成所有工作沒有幾個世紀成不了事，更別說只有十年了。

本書第二部會提出一些因應危局的解決方案。這些方案並不全面，要解決世界正在面臨的所有挑戰，需要更多人集思廣益，但這是一個拋磚引玉的開端。我們提議的方案無法單獨運作，必須整合成一套系統。如果無法一一處理個別危機，我們就更無法在這些危機匯聚的總體層面有任何進展。當然，不同的個人或組織可能會有其中一項或多項可行方案和他們的特殊處境更加息息相關，因此特別關注，然而，以全體地球公民的觀點來說，我們需要將這些方案視為一個整體，整合理解。

也因此，每一章都可以想成是一項提案，指出我們應如何重新建構這幾十年來影響我們看待何謂世界、國家、地區、城市與組織成長的主流理據。我們當然應該保留過去七十年來仍能發揮作用的基本要素，但也應該消除如今只能造成苦果的策略；我們應該更新思維、制度以及行為，才能創造出完全不同於今日局面的現實。

當你在閱讀本書時，請想一想所有人共同的擔憂以及隨之而來的危機，心裡記住三件事：第一，世界各地的人普遍擔心同樣的事，雖然形式不盡相同，但都影響著我們和每一個角落社群裡的人們，因此，若要解決問題，需要大小城鎮的領導者與人民共同參與。只靠某個地區的人解決某個議題並無法發揮作用，因為它們並不是主要的根源。

第二，要整合全世界人們的態度，望向一幅共有的合作願景（這幅願景如今正在慢慢演變成形），需要花上一點時間，但是某些問題非常嚴重且萬分緊急，我們可能等不及新的構想和全球關係系統出現，就會遭遇這些問題的衝擊。這裡要借用一個常用的比方：我們得一邊開飛機，一邊重新打造飛機。就算我們立刻能處理最緊急的問題，還是需要重新設計解決方案，處理同樣重要的長期與持續性需求，比方說設計與重振重要的制度、培養共有的文化與社會連結、再度激發出對社會有益的創新，以及重新給予充滿遠見且心胸開放的領導者支持。

這又帶出我要說的第三點：要解決現今的全球危機，涉及到掌握方向、走出種種明顯互相矛盾的局面。我們需要做的事，很可能本質上就彼此衝突，且讓我來舉兩個例子。在第二部中，我主張我們必須比現在更重視在地經濟與政治，但我們不能不顧的是，很多議題就是因為範圍很大才變成全球性問題，且全世界每一個地方都互相牽連在一起，光靠在地的努力並不能解決問題；我們也不能忽略，就算是在地型的方案，也必須能因應更廣泛的互相依存關係。

同樣地，如果我們想打造出適當的科技以提升全球社群，同時構築出堡壘把傷害抵擋在外，我們就要在學校與組織裡培養具備技術能力的人，也要研究人性、並理解系統如何促進與影響人類的生活。我們現在普遍沒有這麼做。你聽過有多少工程學程在教授社會學、政治學和心理學？又有多少人文科學的學生具備電腦與工程的專業？

手邊累積了這些實作規則後，且看看它能帶領我們走向何方。當你從本書了解到人類共同的憂慮、又有哪些日益嚴重的危機，我期盼作為行動根基的相關構想也會浮出檯面，讓解決方案可以加快、影響、激勵你已經在思考著要踏出的步伐。

01 我們的憂慮

本書的靈感來自一場對話，後來演變成和世界各地各種階層的成千上百人交換意見。我所指的是二〇一六年與資誠國際網絡（PwC International Network）執行長鮑伯．莫瑞茲（Bob Moritz）的對話。一年半前，我擔任資誠的策略與領導全球主管，負責發展整個網絡的策略，常談到的策略內容包括哪些因素能讓我們與眾不同、我們需要具備哪些能力，以及要著重在哪些市場。與策略相連的，是一些我們認為未來幾年會對世界造成絕大衝擊的趨勢，包括都市化、經濟力量從西方移轉到東方、資源的稀缺性，諸如此類。

我和莫瑞茲談話時，兩人都剛剛出差回來，之前我們分頭去四大洲各地訪查，然後帶著隱隱的不安歸來，覺得世道艱險難行，人們嚴重焦慮不安，比記憶中有過之而無不及。換言之，這個世界比我們二〇一五年時預見的更加黑暗。莫瑞茲問了一個很根本的問題：「人們到底在擔心什麼？這些憂慮對於我們應該如何去思考自家業務又會造成什麼影響？」為了回答這個問題，我花了兩年時間和各式各樣的人對話，包括政府、企業、公民社會的領導者，以及努力賺得安穩、想要為自己與子女創造更美好生活的一般老百姓。

從咖啡店到董事會，我試著去理解人們對自己的人生有何感受、以及他們怎樣認知未來。在這些討論當中，我非常訝異地發現一件事，那就是每個國家、社會裡每個階層的人都有著深深的憂慮。我聽到的很多心聲都讓我難忘，也讓我有一點煩擾。出乎我意料之外的是，我聽到比預期中更多的不安和悲觀。

我和印度貝恩資本公司（Bain Capital）的執行長阿密特．詹卓（Amit Chandra）談到他的國家在發展中遭遇的掙扎，在漫長的討論中，詹卓提到：「我們確實面臨印度會發生革命的風險。」這句話讓我很震驚。「革命」是很強烈的措辭，而詹卓這個人絕非激進分子；確實，他掌管的私募股權公司可視為代表全球資本主義既得利益體系的標誌，他則是一個深思熟慮的人。詹卓也是勤於公益的慈善家，他將自己九成的財富捐給非營利機構，用於提升鄉村地區的發展，與增進他們打造社會、健康和教育等各面向的能力。[1]站在制高點的詹卓，觀察到這個世界上最大型民主體制的核心已然開始風起雲湧。

詹卓告訴我，印度可能發生革命的徵兆顯而易見，就顯露在極富和赤貧愈來愈明顯的現象之中，而這兩邊有時候就挨在彼此身旁，昂貴的私人豪宅，就坐落在孟買規模最大的貧民窟旁邊。印度某些地方快速地將其他地方拋在身後，比方說，許多大城市裡的科技集散地正在訓練新一代的科技領導人，數位創業家也兢兢業業，財富、以及能對整個國家呼風喚雨的影響力，愈來愈緊密結合在這些幸運之地。在此同時，沒受過什麼教育、少有社會流動機會，靠天吃飯的農夫條件更形惡化，在某些地方，小農仰賴的灌溉水壩運作容量僅達四成。

二〇一六年六月，就在英國即將舉行脫歐公投前的一個星期，我聽到類似的故事，訴說著人們覺得無能為力，只能眼睜睜看著生活品質下降。我曾從曼徹斯特（Manchester）搭計程車到利物浦（Liverpool），司機是利物浦人，他對我說他對於公投結果會如何感到十分憂心，他覺得這是他人生中最重要的一次投票。他贊成脫歐，他認為在歐盟的架構底下，那些他不認識、無法影響且不該左右他人生的人，把他的生活搞得愈來愈糟；

另外還有兩個理由：這位計程車司機有兩個朋友因為受到漁獲量限制，因此放棄了原本經營的漁產事業。他住家附近的暴力犯罪愈來愈多，他鍾愛的在地酒吧和餐廳紛紛關門大吉，鄉村地區也愈來愈難找到好工作。他說，利物浦已經不是他認識的樣子了，再也無法過著從前的生活。他把一切問題全歸咎於歐盟所做的決定：「這就是不給代表權，卻要徵稅和強加控制，」他說，「你們在美國過去就是因為這樣而開戰，不是嗎？」

我問他知不知道脫歐在經濟上可能會造成哪些後果，這位計程車司機若有所思地說：「會比二次世界大戰的後果更嚴重嗎？我們都撐過來了。」世界大戰、革命，此等激烈的用語讓人心驚，且無處不在。

在馬德里大學對面的一家咖啡店，我不經意聽到隔壁桌約十幾個學生在聊天，他們高聲暢談，無所不聊，講到有哪些因素可能啟動第三次世界大戰。我問他們能不能讓我加入，我跟他們說，我對於導致下一次全球性衝突的原因沒那麼感興趣，比較想知道的是他們為什麼會去想像這件事。

這也引發了同樣熱烈的討論，重點則主要放在這些轉捩點上，就像他們說的：我們在畢業後幾乎已經沒機會找到工作了（西班牙年輕人的失業率逼近五成）；歐盟區的歐元貨幣套利基本上使得西班牙受比較北邊的國家壓制，比方說德國和法國，根本沒辦法做出適當的投資以提升國民的經濟與生活前景；西班牙的科技基礎落後其他國家，導致該國在全球的競爭力低落；西班牙快速老化，這些年輕人得要在這些長輩退休後供養他們，但，要靠什麼？最後，這些學生告訴我，他們完全不相信政府或是其他機構的領導者對這些問題會有什麼作為。

「那麼，除了想辦法夷平一切然後重新再來之外，我們還能怎麼做？」

在我們進行的千百場對話中，並非全都像西班牙大學生這麼悲觀，但幾乎跟我聊過的每一個人都憂心忡忡，他們看到顯然危險且完全不受控的趨勢，想破頭也想不出要如何才能創造美好的未來。我和全世界各式各樣具有獨特性的群體對談，獲得許多值得一提的結果，其中一項就是我的提問（你最擔心什麼事？）引起很多迴響，我聽到千百個敘述各種不同環境和挑戰的故事（有些很駭人，有些比駭人更可怕），但是層層剝開直抵核心的話，會發現他們的憂慮在本質上都一樣。人們使用不同的語言，帶著不同的情緒，但說到底，越過語言的藩籬，全世界每一個角落所描繪出來的問題都一樣。

確實，我們擔心的問題，也正是全體世界公民的憂慮。全球性的問題也是區域性的問題，無分東西南北，跨越美洲、歐洲、亞洲和非洲。仔細檢視這些大量的對話之後，我體會到如今最讓人擔心的問題（也是最該集中心力去解決，以打造我們想擁有、後代子孫也應享有的未來），可以用「ADAPT」的五個類別來區分：

- 「A」代表的「不對稱」問題：貧富不均日趨嚴重，中產階級遭到侵蝕。
- 「D」代表的「破壞」問題：講的是科技普遍具備的破壞性特質，以及對個人、社會和氣候的衝擊。
- 「A」代表的「人口組成的年齡變化」問題：人口組成變化對於企業、社會制度和經濟造成的壓力。
- 「P」代表的「極端化」問題：全球無法達成共識，世界分崩離析，國家主義與民粹主義日益盛行。
- 「T」代表的「信任」問題：人們對於支撐起社會的各種制度機構的信任感愈來愈薄弱。

雖然這麼簡潔的結論非常能打動人，但，過去曾經身為學者、也曾每天和幾千名會計師互動的我認為，不管結果有多一致或樣本有多廣泛，我們也不能僅根據非正式的調查，就宣稱自己精準掌握到全球憂心的議題。因此，我和團隊著手去確認這些憂慮是否確有其事。人們真的應該擔心「ADAPT」裡的這些作用力嗎？數據是否真的支持人們的不安是有道理的？我們和包括澳洲、巴西、加拿大、中國、德國、匈牙利、印度、義大利、日本、墨西哥、中東、俄羅斯、西班牙、南非、英國和美國等地的資誠伙伴合作，檢驗「ADAPT」裡的因素在他們國家的作用力有多強大、又是以何種形式出現。以下是本專案的簡要結果概覽。[2]

不對稱

以近代歷史來說，首度有高比例的父母認為他們孩子的處境會比自己更差，主要的理由是貧富不均如今愈來愈明顯。如圖1.1所示，全世界超過四成五的財富掌握在不到百分之一的成人手上，億萬富翁的人數也不斷增加，從二〇〇八年到一八年，人數從一千一百二十五人增為二千七百五十四人，增加了一倍以上。[3]此外，在經濟合作

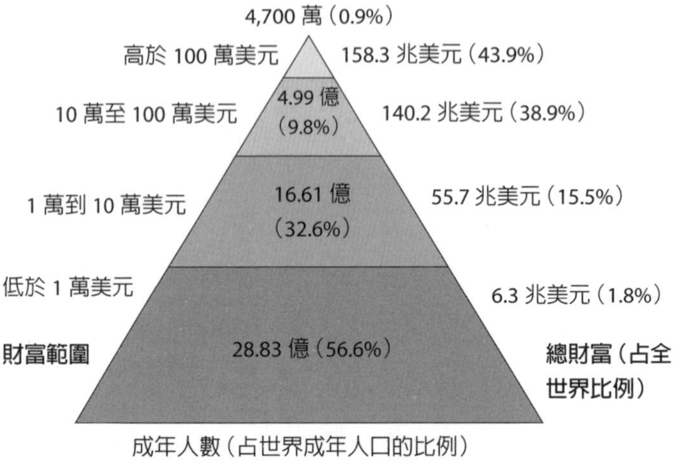

圖 1.1　2019 年全球財富分配金字塔

資料來源：詹姆士．戴維斯（James Davies）、羅卓戈．盧布瑞斯（Rodrigo Lluberas）和安東尼．薛洛克斯（Anthony Shorrocks）。瑞士信貸（Credit Suisse）2019 年全球財富數據。

與發展組織（Organization for Economic Cooperation and Development，簡稱OECD）的工業國中，中產階級（指家庭淨所得介於中位數〇・七五倍到二倍之間的人）的規模自一九八八年以來大幅縮小。自認為屬於中產階級的人口占比也大幅下降，以美加為例，自二〇〇八年以來，從三分之二降為二分之一。[4]

帶動脫貧與導致所得分配愈來愈不均的主要原因，同樣都是工作從高薪國家移轉到低薪國家，這也是全球化的基本元素。幾十億人在這個過程中脫貧，表面上來說，很難去批評全球化。財務的分配也從早就已經太富有的國家移轉到最需要的國家。

問題是，財富被移轉出去的國家並非每一個階層都承受相同的衝擊，得到財富的國家也是一樣。用勞動工作被移轉到海外的已開發國家國內生產毛額重分配來舉例。在已開發國家，從一九九九年到二〇一五年，股東價值成長約一八%，但實質薪資僅成長八%。[5]換言之，擁有公司的人享有的成長益處高於為公司賣命的人。至於獲得財富移轉的國家，印度是一個很好的範例。印度的整體國內生產毛額已經從一九九〇年的約五千億美元成長到今天的三兆美元，最富有與最貧窮的三個邦中位數所得差異在一九九〇年為五〇%，到了今天為三〇〇%。最貧窮的邦真的很窮，很多人都活在維生水準以下。

要衡量經濟上的不對稱性有一個很好用的方法，就是透過創造財富的主要管道來分析，例如：投資、房屋所有權以及財富重分配。

- **投資**：過去幾年來，隨著貧富不均更加嚴重，有一群富裕的投資人將自己的資金從公開市場挪到了私募股權市場。後面這類市場的報酬率通常較高，但僅開放給

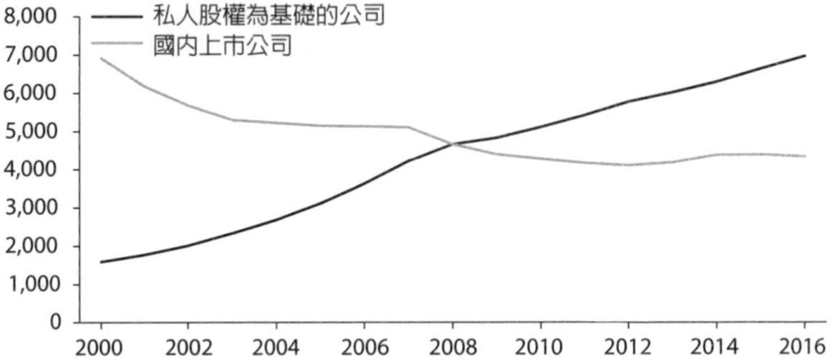

圖 1.2　美國 2000 年至 2016 年
國內公開上市公司與私人股權基礎公司之家數比較
資料來源：世界銀行（World Bank）、世界交易聯合會（World Federation of Exchanges）
資料庫；皮區布克公司（ Pitchbook）。

合格投資人。在美國，要成為合格投資人代表你的年所得至少要達到二十萬美元，或者不含房地產的淨財富要達到一百萬美元。讓情況更惡化的是，在整個已開發世界裡，公開上市的公司家數不斷減少（請見圖 1.2），個別公司獲得的投資比例也在下降。後面這一點尤其讓人不安，因為很多人的退休生活靠的都是確定提撥制（defined contribution plan）裡的投資。

- **房屋所有權**：已開發世界裡有很多地方的房價都上漲，代表很多目前不到四十歲的人可能永遠都買不起房子，會少掉一種中產階級用來累積財富的重要工具。在澳洲，屋主年齡介於二十五歲到三十四歲的占比從一九九五年的五二・二%不斷降低，二〇一四年時為三八・六%，超過六十五歲以上的屋主占比仍維持穩定。[6]

- **財富重分配**：貧富嚴重不均，也挑戰著政府徵稅、為最需要的人民提供服務的能力。擁有極高財富的人只有極少部分的財富會變成所得（可徵收所得稅），他們的消費占財富之比率比多數人低得多（消費可徵收消費稅），持有的房地產分散在很多區域，通常以公司的名義持有（房地產可徵收房屋稅與地價稅）。此外，有錢人更有能力將資金在不同的稅制中挪移，且在科技的幫助之下將財富置於低稅率的國家或州。

破壞

就像經濟上的不對稱，科技的破壞力也有好的一面。少了破壞，就不可能出現各種醫學、材料學、奈米科技和運算，大大增進生活品質與延長壽命，讓人人都能獲得寶貴的資訊，強化教育資源以及將一個大世界濃縮成一個小圈圈。但是，破壞造成的負面結果（以及由此而生的重大挑戰）明顯易見，如不加限制，很可能就弊多於利。

破壞引發的最明顯憂慮，和人工智慧、機器人與虛擬實境等導致人們失去工作的科技有關，然而，比較不明顯但可能更麻煩的是，工業革命之後的科技進步如今嚴重改變了氣候，這部分我會在之後的章節詳加討論。

這些破壞性的力道，匯聚起來崩解了很多傳統上身為社會基石與社群核心的制度。這些制度（包括教育體系、政府、公共服務、公共設施、媒體等等）通常都已經存在許久，人們之所以信任它們，有一部分是因為它們一開始就被設計成變動緩慢、穩定且可靠的實體，為顧客、個人、家庭、鄰里與國家提供持久的價值，但科技吹皺了一池春水，世人愈來愈將制度的穩定與恆常視為缺點，認為這代表它們的用處有限，和一般人也沒這麼息息相關。

新聞媒體是絕佳範例。一九九〇年代末期之前，新聞的基本商業模式很單純：閱聽人訂閱報紙、雜誌或是電視頻道，擁有媒體的業主利用廣告補足營收。穩定的收入讓新聞供應商得以聘用專業的記者，記者遵循一套何謂好報導的明確規則，穩定給予新聞媒體信用。撰寫、發布、製作與傳遞文章或大眾廣播要耗費很多時間，層層的過濾機制在這過程中把關消息的準確性，或追蹤後續發展。

網路改變了一切。追求高效率、附帶可追蹤反應的定向性廣告、再加上隨時隨地都可觸及顧客，行銷預算紛紛轉移到平台型的公司，例如臉書（Facebook）、推特（Twitter）和騰訊（Tencent），說穿了，讀者都在這裡。超過五成的美國人從社交媒體或其他線上來源取得新聞，當中有很多品質堪慮。[7]這表示，閱聽人接觸的新聞變成只求吸引注意力的素材：負面報導以及投閱聽人所好的報導，完全不顧及準確性。

這是要付出代價的。我們看到了群眾愈來愈偏極端，廣泛懷疑媒體的誠信，沒有什麼可以把真訊息和「假新聞」區分開來的通用法則。臉書非常過分，甚至直言在其平台上（這是有史以來全世界最有影響力的散播資訊環境之一）已經不再區分謊言與真實，而且，事實上也不應該這麼做。即便遭受批評，這家公司仍搖旗吶喊捍衛自家政策，容許明顯虛假的政治廣告和力求精確的文章並存。[8]

信任（或者，更精準的說法是極度缺乏信任）

制度機構不受信任是普世現象，全世界幾乎每一個地區的人民都對政府、企業、媒體、大學和宗教組織的公信力失去了信心。嚴重的不信任映照出的就是各種不當行為：

金融危機、機構洩漏訊息、政治上的貪污、政策上的偏頗與蠻橫，以及各式各樣明目張膽的誇張行徑（企業領導者與偶像在這方面都推了一把）。

艾德蒙信任度調查報告（Edelman Trust Barometer）自二〇〇一年開始追蹤一般人對機構公信力的認知，提出了一幅讓人倒抽一口氣的概覽圖。二〇二〇年時，在他們調查的二十六個國家裡，有十二國的信任度分數低於五〇%，這代表這些國家裡的多數受訪者不信任國家的重要機構。艾德蒙公司美國公眾事務主席羅伯・睿（Rob Regh）表示，光是美國，二〇一八年的調查報告就指出「人們對政府、企業、媒體和非政府組織的信任度來到十八年的新低……這是我們有史以來所見過最嚴重、最大幅度的下滑」。美國的信任度分數二〇一九年雖然有上升，但二〇二〇年又急遽下降。即便二〇二〇年的分數比之前高，但調查發現有見識的人民（informed pulic）和一般人民之間的信任度分數落差（分別為六五%和五一%）來到創紀錄的一四%，有八個國家的信任度不均水準來到新高點（見圖1.3）。

最明顯的例外是中國和印度，接受調查的國民有三分之二覺得各類機構都值得他們信任，經濟條件的改善說服兩國的人民各種機構皆在為他們努力。隨著兩國經濟成長減

2020 年有見識的 △人民信任度分數	
65	**全球 28 國**
90	中國
87	印度
82	印尼
80	沙烏地阿拉伯
78	泰國
75	阿拉伯聯合大公國
71	墨西哥
71	新加坡
68	澳洲
68	馬來西亞
67	加拿大
67	荷蘭
64	德國
64	義大利
63	法國
62	哥倫比亞
60	阿根廷
60	巴西
60	愛爾蘭
59	西班牙
58	肯亞
57	英國
54	香港
53	日本
53	美國
50	南韓
49	南非
41	俄羅斯

2020 年一般 ▲大眾的信任度		信任度落差
51	**全球 28 國**	14
77	中國	13
74	印度	13
70	印尼	12
64	阿拉伯聯合大公國	11
62	泰國	16
60	新加坡	11
59	沙烏地阿拉伯	21
58	馬來西亞	10
58	墨西哥	13
57	荷蘭	10
56	肯亞	2
52	哥倫比亞	10
51	加拿大	16
49	巴西	11
49	香港	5
49	南韓	1
48	阿根廷	12
48	義大利	16
45	澳洲	23
45	美國	8
44	德國	20
44	南非	5
43	愛爾蘭	17
42	法國	21
42	日本	11
42	西班牙	17
39	英國	18
27	俄羅斯	14

不信任（0-49） 中性（50-59） 信任（60-100）

信任度不均等的情況來到歷史高點

信任度不均水準來到歷史高點的國家數目

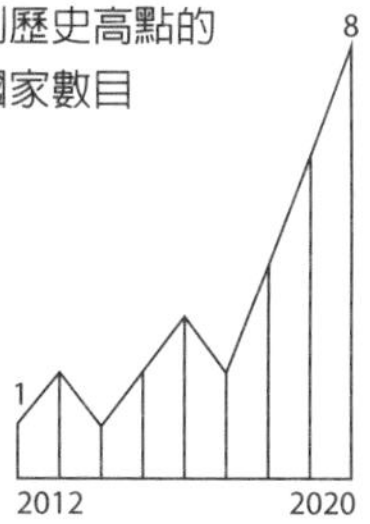

圖 1.3　信任度指數：

對於機構（包含政府、企業、非政府組織和媒體）的平均信任水準

資料來源：〈2020 年艾德蒙信任度調查報告〉，第 6 頁。

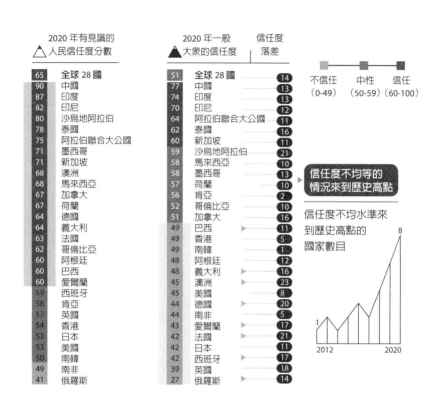

緩，社會安全網以及國家政府維持地方社群基本生活品質的能力備受考驗，政治混亂浮現，尤其是香港與喀什米爾的問題，中國和印度人民的信任度很可能也會下滑。

全球制度不受信任所造成的淨效果，顯示很多人對自己的未來以及負責引領人民未來的人都抱持懷疑的態度。舉例來說，二〇一九年法國的黃背心運動就認為任何方案都不足以解決問題。這些抗爭行動核心深處的問題，是對於政府機構失去了信任。少了值得信任的機構（這些機構應該主動爭取信任，不斷改進），公民社會就無法運作。

極端化

前面提到的三項憂慮（貧富不均、科技造成的破壞以及制度不受信任）綜合起來導致了第四項：各種真真假假的民粹主義各走極端來拉攏群眾，結果造成社會內部以及各國之間的分化。我們來看看人們在面對愈來愈讓人憂心的局面時會有哪些反應。首先，人們說：「希望這個世界能像過去一樣，我在以前熟悉的世界裡比較樂觀。」再者，他們會聚攏，和對這個世界有同樣體驗、跟自己相像的人聚在一起。第三，他們指責有權勢的人（菁英階級），認定是這群人加深了他們的不安、讓他們面臨更嚴重的不確定性。這並不是非理性的人才會有的行為，當人們覺得未來可能比過去更糟糕時，這是意料之中的反應，也正是民粹主義和國家主義（通常是左派民粹主義的副產品）最完美的溫床。[9]

隨著國家主義的觸角深入每一片大陸，造成的危機愈發明顯。舉例來說，民粹主義的政治人物經常瞄準移民，譴責他們搶走了當地人的工作、掀起犯罪潮與過度使用社會服務。幾乎每一項大型研究都質疑這種說法，反而認同移民幾乎都能帶動當地經濟，壯大年輕的勞動力，且有助於消費活動的成長，但這些完全都不重要。國家主義的領袖將移民群體污名化，指稱他們是有害且造成破壞的人，希望藉此能達成真正的目的：在當地促成部落主義、分裂共識、或至少要盡量減少社群裡的對話，這樣他們就能控制選民的信念和偏見。

人口組成的年齡變化

人口年齡組成與人口成長問題，是「房間裡看不見的八百公斤大猩猩」，看不見但力不可擋，將會使經濟不均、科技造成的破壞、體制不受信任、以及極端化等問題與負面後果加速出現。簡單來說，人口問題是一顆會在全世界爆炸的定時炸彈，威力卻是未知數。

一九六〇年時，全球人口僅略高於三十億，之後出現爆炸性成長增為八十億人，各國可分成兩種非常不同的群組。一群是有著大批年輕人口的國家，比方說印度，約有六五%的人口是三十五歲以下的年輕人。在勞動年齡人口不斷成長的支持下，印度大有機會驅動經濟成長；印度的勞動年齡人口自二〇〇〇年以每年二%的複合成長率在增加（這就是一般所謂的印度人口紅利），到了二〇三〇年應該會突破十億人大關。然而，印度到底能不能創造出千百份職務以安頓這些年輕人、讓他們壯有所用？這仍是一個引來很多懷疑論的開放性問題。如果印度做不到，失業與失望將會在國內很多地方蔓延開來。

至於其他地方，人口則正在快速萎縮與老化（大多數是歐洲國家，顯然還有日本）。這些國家的勞動年齡人口稅基大幅擴張，以支應大批六十五歲以上人口愈來愈龐大的退休撫養與醫療保健需求。

人口組成變化趨勢之所以變成一個特別危險的因素，是因為這個因素會讓最可怕的全球性趨勢更加惡化，造成最不樂見的衝擊。舉例來說，由於人口組成的變化，在無法為長者提供社會服務（如果國家正在老化）或無法為年輕人提供工作（如果國家人口以年輕人為大宗）的國家，貧富之間的分化會愈來愈嚴重。社會將更加分裂，保守的年長者與對未來沒有希望桀傲難馴的年輕人，演變成互相對抗的群體。科技引發的破壞或許能為年輕人提供工作，數位導向的勞工可投入職場，代價是年長的勞工被機器取代。在傳統上能創造就業機會的已開發國家，年長者在面對大量尋求機會的年輕移民時，很可能也會更常端出本地主義來面對。到最後，無法因應年輕人與年長者迫切需求的制度，將會加深全世界各種制度不受信任的嚴重性。

簡單的「ADAPT」調查，加上佐證的數據，顯然確立了人們的憂慮其來有自。進一步查探問題時，有一件更讓人煩擾的事情變成了我們關注的焦點，那就是，人民口中的憂慮其實預示了諸多即將發生的危機，如果在未來十年裡未加以處理，每一項都很可能導致非常嚴重的後果。

「不對稱」問題　↓　引發財富危機
「破壞」問題　↓　引發科技危機
「信任」問題　↓　引發體制正當性危機
「極端化」問題　↓　引發領導危機
「人口組成年齡」問題　↓　加速前述四項危機

每一項危機都很緊急，必須拿出創意、想像力和毅力立刻因應。我們僅有十年時間來扭轉危局，做不到，局勢可能就難以挽回。以下各章將深入探究各項危機，勾畫出其特性以及所造成的威脅性質。本書第二部將會提出解決方案。我不是一個容易大驚小怪的人，但我真的很憂心。

02 不對稱與財富危機

如果說，柏林圍牆倒塌與蘇聯集團瓦解應該像政治學家法蘭西斯・福山（Francis Fukuyama）著名的宣言一樣，象徵「歷史的終結」。[1] 而另一段以全球自由民主為主流、所有人皆享有經濟機會為標誌的期間，可能在一開始便愚弄了我出生與成長的加拿大安大略省漢米爾頓市（Hamilton, Ontario）的人民。

在一九〇〇年代大部分期間，漢米爾頓市是現稱鏽帶（Rust Belt；指一九八〇年代以後因為工業衰退而沒落的城鎮，約在五大湖周圍）、曾經熱絡發展的城市之一，此市的繁榮主要歸功於兩大全球性鋼鐵廠斯泰科（Stelco）和多法斯科（Dofasco）。過去任職於工業產業的工人薪資很不錯，他們買得起附近的小房子，而且理所當然期待他們的孩子能上大學，過著比自己更好的生活。這群中產階級大幅擴張，一九五〇年有二十五萬三千人，到了一九九〇年則成長到五十九萬一千人。[2]這個社區充滿活力，擁有加拿大足球名人堂（Canadian Football Hall of Fame）、戲院、博物館，還有備受尊崇的麥克馬斯特大學（McMaster University）及其知名的醫學院。

然而，這個版本的漢米爾頓，也像蘇聯一樣走入歷史。由於全球化改變了產業的發展軌跡，轉向薪資低的國家與效率更高的極小型新創工廠，加拿大的鋼鐵業從此一蹶不振。漢米爾頓的鋼鐵廠工人很難找到新工作，他們的二度就業機會薪資通常很低。這地區變得沒那麼搶手，他們的孩子前景也黯淡了下來。然而，全球化把工業城變成鬼城的老掉牙故事並不適用於漢米爾頓市，也不是漢米爾頓今日能夠啟發我們的理由。漢米爾頓市不同於底特律或俄亥俄州的楊斯鎮（Youngstown），並沒有顯露出破敗不堪的樣貌。整體來說，街道仍然潔淨，市中心欣欣向榮，市郊社區仍圍繞著中心不斷發展，整座城市熙熙攘攘。背後的理由是：雖然工業消失了，但高科技進來了。[3]還有，此地的第一座酒廠建於一九七五年，目前則有超過一百零二家酒廠。[4]

我提到漢米爾頓市的興起、衰敗與重生（這也附和了其他地方的情況，如美國的匹茲堡和英國的伯明罕），是因為它清楚闡述了財富危機的複雜性。雖然我很想用制式歸類法套入大家已熟知的解釋，以淡化財富危機的全面衝擊，但事實上這種危機無所不在：鏽帶有這個問題，鄉村有這種問題，「三級」城市也不例外。這些地方都跟不上全球化的轉變。

漢米爾頓市的領袖自認做了正確決定，他們引導這個城市轉型，擺脫舊社會轉入新世界。但這只是粉飾太平，此舉同時會導致經濟上的不平等更為嚴重。科技為漢米爾頓市帶來了進展，根據加拿大社會規劃與研究協會（Social Planning and Research Council）的數據來看，從一九八二年到二〇一三年間，薪資所得占前一%的人（年所得超過四十萬加幣）收入近乎倍增。反之，排在底層九〇%的薪資所得者（年薪平均為三萬一千二百加幣）賺得的收入，根據通貨膨脹率做過調整後，僅比一九八二年時高了二%。隨著科技公司在漢米爾頓市扎根扎得愈深，要說有什麼影響，那就是前述趨勢自二〇一三年以後的發展速度愈來愈快。

一座小城市出現如此嚴重的所得落差（你沒想過自己會因此受到衝擊），是一種警示：雖然財富危機很難看的出來，但事實上無所不在。這種現象有時會隱形，需要進行一些比較複雜的分析才能理解危機的特質。除了通用的答案之外，還需要找到一些特有因素，才能徹底解除危局。我們別無選擇，只能和這項危機纏鬥；危機對世界造成的威脅甚鉅，若不加抑制，將會同時以明顯和隱晦的方式侵害（事實上，現在已經正在侵害）社會、經濟與政治體系。

如果無法讓一般人都富裕起來，社會將深陷泥淖。真實且有感的繁榮，是國家或地區能高效運作的必要前提。當人們感受不到繁榮，他們就不消費、不築夢、不開創新事業、不繳足稅金，也不做任何有助於發展的事。他們會更焦慮，引發更多藥物與酒精濫用問題、家暴和自我傷害，並且更不願意參與日常的社區活動。當人們感受不到繁榮，他們會更孤立，去找像他們一樣的人，這會導致社會四分五裂。不意外的是，不冀望未來會更好的人，會把負責帶領世界的人（或是看起來變得比較好的人）當成害他們不幸的罪魁禍首，也導致不同的經濟社會階層之間的裂隙擴大。絕望時，人們的攻擊傾向會更明顯，蔑視傳統規範，排斥讓社會繁榮所需的制度。

想要攤開這個世界層層疊疊的不對稱並探討其中的要素，以利發展出標靶式的解決方案，最好的方法或許是透過冷戰後主導世界的四大地緣政治區來看，那就是中國、歐盟、俄羅斯和美國。每一個地區都在爭奪全球影響力，為求勝過對方，用上了各種不同的武器，包括貿易、規範、貨幣、社群媒體到軍事力量。

當競爭白熱化，全球強權不顧或輕忽的是自身顯而易見的財富危機。隨著這些國家或地區忙著替世界其他國家制定交流規範，他們自家人口組成中有三大部分面臨了隨之而來的繁榮挑戰，這些人的處境愈來愈惡化。這三群人，構成了各國家和地區人口裡的絕大多數。我們聚焦在中國、歐盟、俄羅斯和美國，不是為了要排除其他地方，而是如果連這些地方都面臨嚴重的不對稱，可想而知其他地方的處境會是如何。

年輕人與弱勢族群

過去曾擔任教授與學院院長的我，在世界各地看過很多人邁向事業職涯的人生起步。幾十年前，畢業典禮這種通向人生新里程的儀式充滿樂觀氣氛、也讓人欣慰，杜克大學畢業生擁有的是頭頂上一片蔚藍的天空，如果他們做對決定，在專業上與財務上幾乎一定會成功，而且達標的速度相對快。但如今我已經沒有這種感受。不管是柏林、莫斯科、紐約或上海，近來想要闖出一片天的大學畢業生都面臨非常相似的挑戰。這些年輕人所過的生活和幾十年前父母那一輩的人截然不同，多數時候，他們在財務上不會更

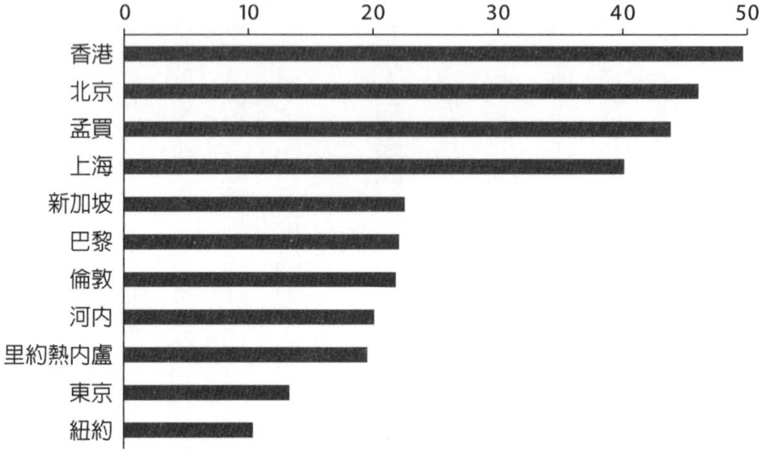

圖 2.1　2019 年幾個城市的平均房價所得比

資料來源：https://www.numbeo.com/property-investment/。

富有，造成這種結果的原因有幾個。

第一，如今的大學生之所以很難跟得上前幾代的人，是因為大城市的居住成本太高。就讓我們以中國幾個大城為例（見圖 2.1）。在上海，一棟房子要價接近一般勞工平均年所得的四十倍。一般來說，放款機構通常建議買房子的房價不要超過所得三倍以上。在倫敦、紐約或巴黎，房價所得比率較中國低很多，但仍遠高於可接受的水準。不意外的是，由於房價高漲，很多年輕人認為擁有一棟房子是遙不可及的目標。

有些高所得的年輕專業人士發現，透過共居或其他有創意的方法，可以在大城市裡活得很好。但是，很多年輕人找不到高薪工作（他們在低薪的服務業裡任職，比方說擔任酒保或是餐廳服務生），無法選擇這樣做。他們必須接受低於標準的生活條件，或是把很高比例的可支配所得花在長程通勤上。

當然，不是每個地方的房價負擔都這麼沉重。以德國為例，吸引大多數年輕專業人士的大城市就沒有這麼多人聚居，該國的就業趨勢反而是分散於全國的中型城市地區，由於各城市的人口規模類似，房地產的價格就相對平均，但這一點也正在改變當中。近年來，柏林一年比一年變得愈來愈像巴黎和倫敦，柏林的房價所得悄悄攀升到超過十倍。[5]雖然莫斯科的整體生活成本仍處於相當低的水準，但據《莫斯科時報》（*Moscow Times*）報導，莫斯科的房地產價格二〇一八年時上漲八．九％，在世邦魏理仕（CBRE）公司的〈全球生活報告〉（Global Living report）中名列全球第六。[6]

剛成為社會新鮮人的年輕人處境大不妙的第二個理由，和各地掌控多數財富的人分布愈來愈不均有關。剛入職場的大學畢業生很難賺得頂尖水準的收入，也很難期待快速達標，能做到的是少數異類，很可能是在高中或是大學時代就有了重要發明，或是加入蓬勃發展的家族企業。問題是，居於所得金字塔頂端的人留給自己的部分愈來愈多，而

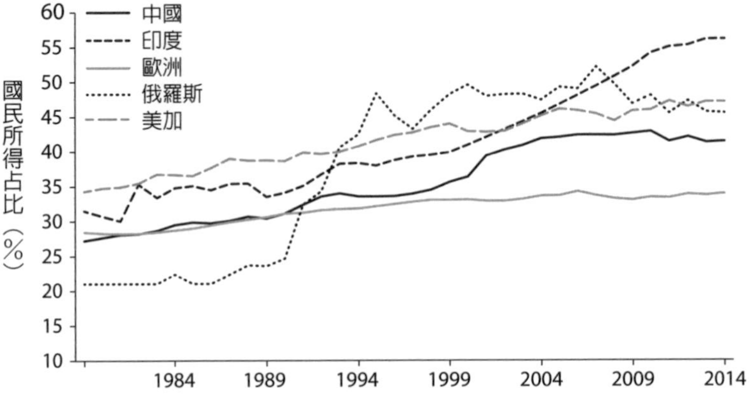

圖 2.2　1980 年到 2015 年全世界前 10% 富人的所得占比

資料來源：https://wid.world/world/#sptinc_p90p100_z/US;FR;DE;CN;ZA;GB;WO/last/eu/k/p /yearly/s/false/25.253500000000003/80/curve/false/country.

且，這不是歐美或是資本主義世界獨有的問題，無論是中國、歐洲、俄羅斯還是美國，自一九八〇年以後，前一〇%富人所持有的財富百分比就穩定地升高（見圖 2.2）。

讓生活成本挑戰更形嚴峻的，是大學畢業生的負債金額節節高升。畢業生離校時不僅要面臨昂貴的居住費用，還要受到債務的箝制。美國在這方面可以說是遙遙領先，大學畢業生的債務接近一．五兆美元。中國的情況好一點，家長通常會犧牲自己，幫助孩子完成大學教育，因此，中國的大學生要扛起的是另一種負擔：他們有責任成功，以回饋父母相信他們會有所成就而付出的高昂代價。《金融時報》（*Financial*

Times）報導，英國大學畢業生畢業時的平均負債為四萬四千英鎊（換算下來為五萬七千五百一十九美元），相較之下，五年前的數值為一萬六千二百英鎊（換算下來為二萬一千一百七十七美元）。[7] 即便在無須支付大學學費的國家，學生還是要借貸。以免學費的瑞典為例，有七〇%的畢業生都有助學貸款，大約十七萬二千克朗（換算下來為一萬八千一百七十四美元）。[8]

如果學生做好準備是為了迎接未來，畢業之後有好工作等著，教育成本高可以是好事。我整個職涯都在做課程再造，我很清楚兩件事：其一，學校在設計課程時根據的不只是學生的需求，也考量校方系上的利益與政治偏好；其二，課程再造是困難且緩慢的過程，事實上，這個世界變化的速度，遠非學校的課程安排所能及。

最後，這些畢業生如果生在人口平均年齡已經很高的國家，當他們要開始成為納稅公民之時，國家人口平均年齡還會一年高過一年。乍看之下這是好事，由於人口老化，年輕一輩在工作上就能有更多選擇，競爭也沒那麼激烈，也會開放更多職缺，但是，請想一想這些畢業生要接手的是多麼沉重的財務負擔。隨著人口老化，單一納稅人繳納的稅金要扶養的人口（這個數字就是扶養比率〔dependency ratio〕）也跟著提高。以本書聚焦的四大地區來說，扶養比率最早約在二〇一〇年左右開始提高，在這個世紀裡將會持續攀升。有一條價格高昂的分界線把人民劃分成不同群體，接受端的那一群人即是下一節的主角。

退休夢破滅

當一個人開始問「把存款拿出來花，而不是把錢存起來，會怎樣」這個問題時，代表他的人生來到一個很有趣的階段。我認為自己在這方面很幸運，年輕時勤勉過日，也有把退休這件事記在心裡。但一想到可能出現「黑天鵝」事件，讓人一輩子的存款化為烏有或變得少的可憐，比方說惡性通膨、嚴重經濟衰退或世界大戰等，就覺得很驚恐。很多生活在本章談到的四大地區的人，都存有很多憂慮，也面臨立即就要發生的問題。

我們先從美國看起。一九七八年，美國國會制定了401k退休金方案（譯註：401k方案為可選非強制，雇主與員工雙方都可自行決定是否加入。帳戶由雇主申請設立，員工每月提撥某一數額薪水至其退休金帳戶，利用這筆資金從事投資。退休前，提領帳戶內的資金會有罰金，在退休後提領則可享受稅賦優惠），讓勞工為了退休存下的遞延酬勞可以免稅。從表面上來看，這些退休帳戶是好事，讓一般人可以用平價的方式設立個人退休金帳戶，把通常會投入共同基金的稅前所得挪一部分出來投資，但事實上，這套立意良善的方案傷害了很多退休人士，損及他們的財富。401k退休金方案推出以來，美國加入確定給付制（defined benefit plan）的勞工比例（這是傳統的退休金方案，參與者退休時可以拿到保證的金額）從一九八〇年的高於六成降到二〇〇六年的大約一成，與401k類似的確定提撥制方案參與比例則剛好相反，從一七%增為六五%（見圖2.3）。二〇一六年，美國所有勞工中約有五四%完全未加入任何退休金方案，確定給付制則僅有八%參與。以即將退休的年齡層（介於五十歲到五十九歲的人）來說，有四六%的人沒加入任何方案，九%的人參與確定給付制的退休金方案。[9]

換言之，推出401k方案之後，雇主經常把這當成不給勞工退休金的替代辦法（雖然有些雇主會為員工提撥對應的金額），而且有大批勞工未參與任何方案，全靠自己為退休做打算。

這種轉變帶來的問題（從退休人員的經濟福祉角度來看是問題），是要做什麼投資決策、甚至是要不要加入方案以便為退休儲蓄，都變成員工的責任，但很多員工為了要

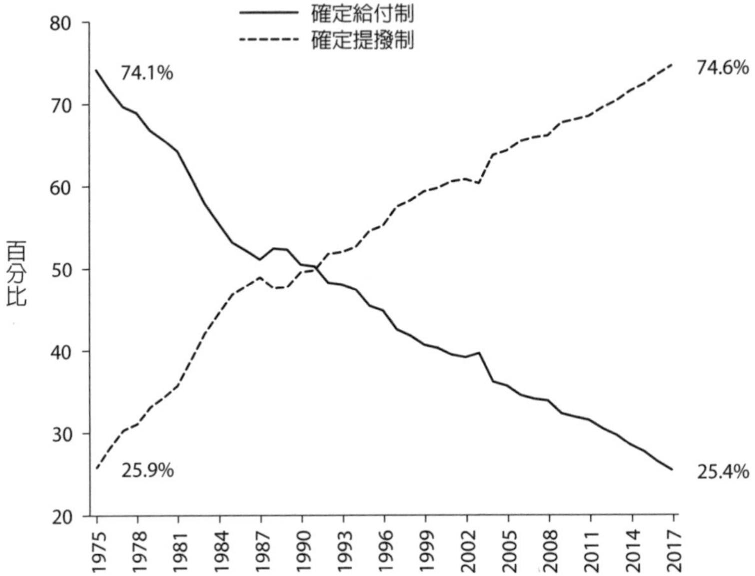

圖 2.3　從 1975 年到 2017 年加入不同類型退休金制度的參與者比例

資料來源：美國勞動部（Department of Labor）1975 年到 2017 年私人退休金方案公報歷史圖表（Private Pension Plan Bulletin Historical Tables and Graphs）。

維持現有的生活水準或支應子女愈來愈昂貴的教育經費，會從401k帳戶中提領或是根本不投資。此外，二〇〇八年的金融風暴導致401k各帳戶的價值大減，讓一大群投資人在損失最慘重時退出市場，其中很多人從此不再回來。確實，離開股市人數最多的年齡層是五十五歲到六十五歲這一群，恰好是正要退休的那些人。

這一切代表的意義，是一大群美國人將會在沒有實質儲備金之下退休，因此主要得靠社會安全系統，但這套系統本身已經很緊繃。二〇一九年有一項調查，五十五歲到六十五歲的受訪者中有五五％的人退休金存款不足一萬美元，約有六九％的人說他們手上的錢不到五萬美元。[10]這些人需要額外的協助與資源，但目前系統並沒未預期到這一點。

俄羅斯、歐盟和中國的情況又如何？我最近有機會和妻子以及她的手足同行，從莫斯科搭郵輪到聖彼得堡飽覽河岸風光。離開了大城市，會發現年長者的生活處境極為艱苦。問題不在於他們沒有退休金，而是退休金不足。以俄羅斯的人口組成來看，這個國家目前的條件無法減緩問題。領取退休金的人自二〇一〇年起增加了超過一〇％，但整體人口僅有微幅成長（成長率為一．四％）且預測將會進入負成長，對於支付退休金給退休人士的系統造成重大壓力。[11]在這段期間，俄羅斯政府將支付的退休金金額穩定維持在每個月一萬三千一百盧布（換算下來為一百七十五美元），要靠這些錢過日子非常辛苦。因此，很多退休人士繼續工作（見圖 2.4）。

把距離往西邊拉遠幾百哩來到北歐，很多人認為這裡是社會進步與成功的典範，向來深獲盛讚，是人民最心滿意足的地區。但是，就連這裡，經濟上的不對稱也影響到了

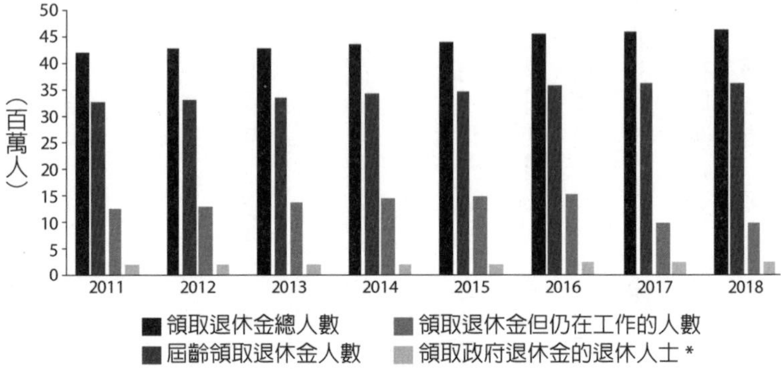

圖 2.4　俄羅斯各種領取退休金的人數分布

資料來源：RBC Magazine, “Russia retired: how the situation of different types of pensioners in the country varies,” Ivan Tkachv, Julia Statostina, Damir Yanayev. July 5, 2018.. 數據來自勒羅斯聯邦政府統計服務局（Russian Federal State Statistic Service），wwww.rbc.ru/economics/05/07/2018/5b3b6t739a79175033464791.

年長者。在芬蘭、瑞典和挪威，距離大城市幾小時車程的鄉間，散布著許多有清澈湖泊或峽灣的美麗村莊。貼近觀察，可以看出北歐文化的源頭；北歐文化是一種堅苦卓絕的生活方式，人民學會如果要撐過冬天酷寒的條件活下來，就必須互相幫忙。

但是，以多數村莊來說，如今年輕人都離開了，他們前往大城市，因為那裡有工作，生活也比較有趣。大致上，他們不會帶著父母一起走，但是會讓雜貨店、銀行、戲院、餐廳、醫生和律師跟著他們離開。留在鄉村的退休人士必須長途跋涉才能完成很多簡單的事，比方說把錢存進銀行帳戶、購買食物、修剪頭髮或去看場電影。此外，經濟上很寬裕的退休人士愈來愈厭倦這種要什麼沒什麼的生活，也正在離去。這表示，只有手頭最拮据、別無選擇的長者才會留下，眼睜睜看著自家的房價隨著鄉村漸漸失去吸引力而下跌。這個世界把他們拋下了，而且毫不在乎。這種麻煩的情況不僅出現在北歐，西歐大多數地方以及地球另一端的日本和中國也在複製。

地區性的經濟不均等對於無法離開以克服困境的人來說，尤其艱難，通常這些人都是老年人。以中國為例，這類不幸的地區占了該國最大的面積以及人數可觀的群體（見地圖 2.1）。以北歐洲對比南歐洲、莫斯科和聖彼得堡對比俄羅斯其他地方、美國海岸地帶對比內陸地區，也會顯示類似的不均，清楚顯露出哪些是退休人士困守的地方。

被拖住的中年人

夾在這兩群人之間的，是處於事業發展中段的人們，有時間為了退休存錢，就算過去背負助學貸款也已經還清，如今全然投身事業，也找到適合的住所和好工作，這些人的生活想必愜意，是吧？他們可不用擔心自己會有什麼財富危機。請先別如此臆測。

我的團隊裡就有些被視為具有經濟優勢的人，他們可能住在歐洲、俄羅斯或美國。

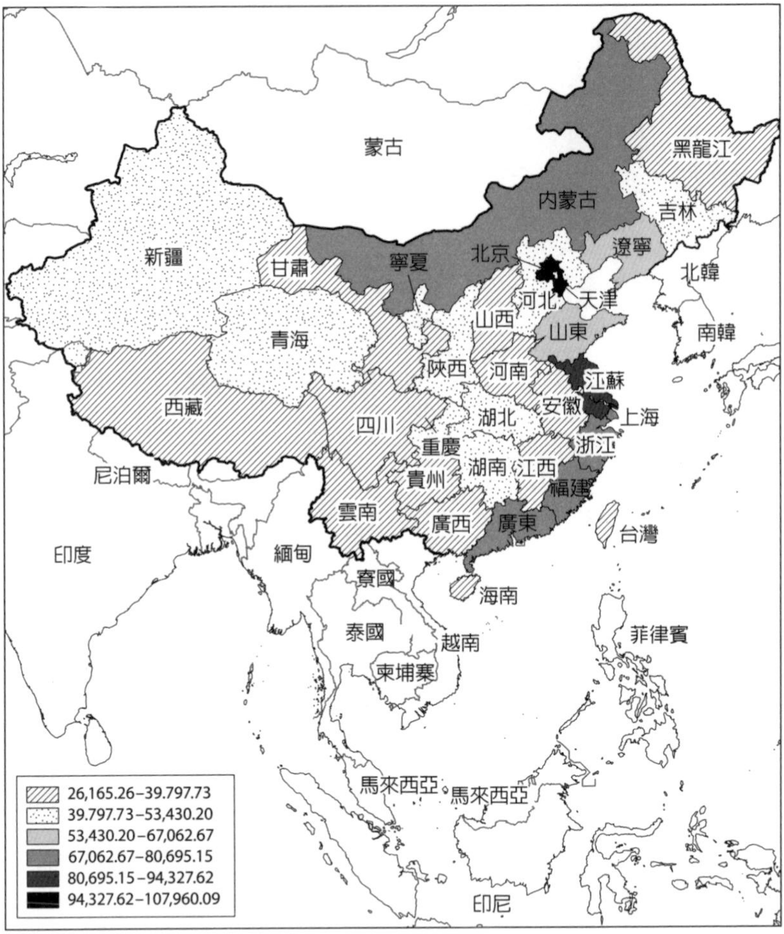

地圖 2.1　2015 年地區人均生產毛額（人民幣）

資料來源：中國國家統計局（National Bureau of Statistics of China），存取日為 2020 年 1 月 13 日。http://data.stats.gov.cn/english/ mapdata.htm?cn=E0103&zb=A0301. 由比爾・尼爾森（Bill Nelson）重繪。

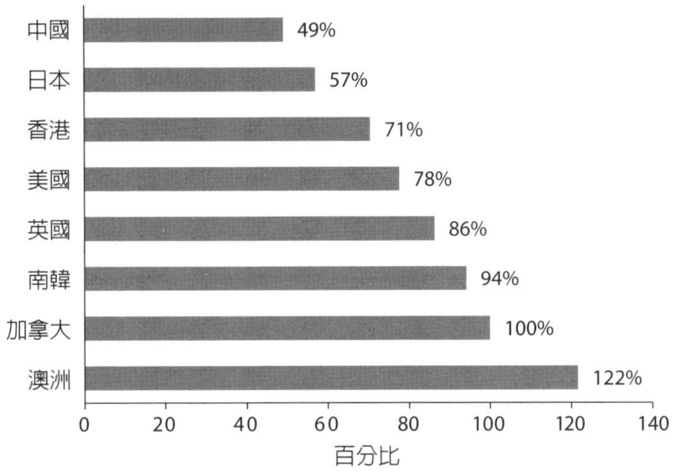

圖 2.5　2017 年某些國家的家庭負債占國內生產毛額比率（%）

資料來源：https://www.imf.org/external/datamapper/HH_LS@GDD/CAN/GBR/USA /DEU/ITA/FRA/JPN.

當我們和全球各國的夥伴在研究經濟不穩定的問題以及這對人們造成的衝擊時，明確且相對快速地找到的高風險族群是「年輕與弱勢族群」以及「退休夢碎族群」。我們探討這些議題是否會影響到我的團隊成員們以及他們的朋友，發現這一群人（這第三群人我戲稱為「被拖住的中年人」）受到的衝擊很可能最大，差別在於或許不是那麼顯而易見。

他們的經濟生活相當忙碌，要背負房貸，通常還有車貸（見圖 2.5），小孩要上學，而且，由於他們想盡量給孩子最好的，通常還所費不貲，上面還有愈來愈仰賴他們照顧的父母。換言之，這一群被拖住的中年人不僅要付自己的帳單和債務，隨著前述其他兩群人的經濟狀況愈來愈惡化，他們還必須填補這些財務上的落差。我日常往來都是些聰明、幹練且有效率的人士，因此，從對話中聽到的隱隱恐懼著實讓我訝異；但是，這些人也親眼見證很多事，很清楚什麼叫一文錢逼死英雄漢，「我也會這樣。」以這群人來說，即便現在成功，也會因為肩上扛著的擾人恐懼而蒙上陰影。

被拖住的中年人最需要現金流，但最可能因為人工智慧、機器人和產業破壞而丟掉飯碗的，也是這群人。這不是西方社會獨有的問題，事實上，問題最嚴重的是中國，中國的居住與教育成本高漲，已經逼近多數中產階級家庭的預算上限，如果他們被辭退（這是極有可能出現的高風險，全球隨處可見，請見圖2.6），即便只有一小段時間，他們也少有儲蓄可以當作憑藉。根據《金融時報》報導，中國政府大力宣傳推動自動化，希望成為人工智慧領域的「世界超級大國」，自二〇一五年以來，導致工業類別裡某些公司最多減少了四成職缺。[12]

我並非暗指當這些工作消失後，就沒有其他工作可做，然而，對於被拖住的中年人來說，要轉換跑道就算不是不可能，也是非常艱鉅的挑戰。無論這群人目前的處境如

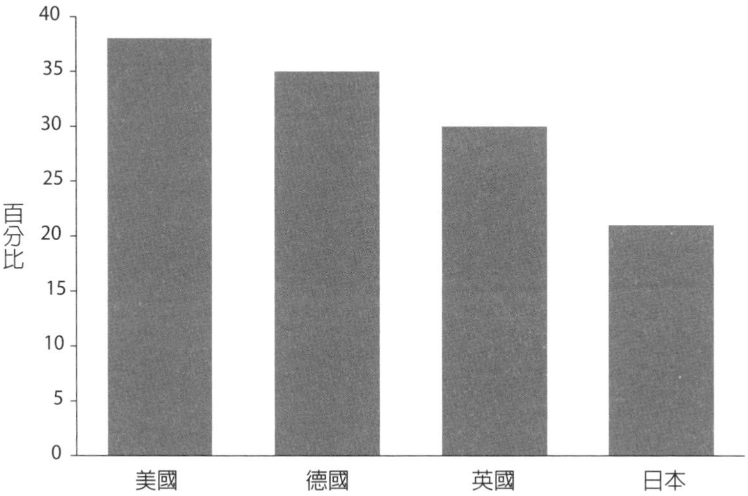

圖 2.6　很可能因為自動化而消失的工作，按國家別區分（百分比）

資料來源：PwC, "Will Robots Really Steal Our Jobs? An international analysis of the potential long term impact of automation, 2018." 資誠進行相關分析，基準數據取自經濟合作與發展組織的國際成人能力評估方案（Programme for the International Assessment of Adult Competencies）公開資料庫，網址為 http:// www.oecd.org/skills/piaac/publicdataandanalysis/.

何，都有充分理由對未來憂心忡忡。

一張表看繁榮的危機

本章針對四大區域描繪出了一幅令人憂心的景象，這四大地區各自都遭遇重大的內部挑戰，二〇三〇年之前會愈演愈烈，而且，大部分人們都還沒有認知到這些挑戰。但是，這些挑戰會強化彼此的力道。缺乏經濟資源的退休人士太多，會對稅收系統加諸更大的負擔，讓被拖住的中年人承擔更多壓力。擔任主動消費者的中年人太少，使得尋找工作的年輕人能找到的好職務變少，也少有稅收能支應地區成長需求以擴展服務。

表2.1摘要本章所討論的三群人在未來十年可能面對的挑戰，這些都是重大挑戰，想要順利過關、避開充滿麻煩的未來，將牽涉到國內政策和地緣政治立場，很可能掀起嚴重的政治混亂。雖然本表顯示的是各國家和地區的差異，讓人訝異的是，無論這些群體人在何方，要擔憂的問題卻是如此相似。

本章的概要就是每一群人客觀上愈來愈不富裕，且自己主觀上也這麼認為。這本身就是危機。無論表面上看起來多麼祥和、美好，甚至前景光明（想想看安大略的漢米爾頓市），當大部分的人都非常憂心，不確定能不能負擔現在或未來的生活，國家或地區就會快速惡化，進入功能不彰的狀態，終將看不到通向繁榮的路徑。

表 2.1　三群人要面對的重大挑戰，按地區劃分

	美國	中國	歐盟	俄羅斯
年輕人與弱勢族群				
負債	高	低	中	低
無法擔負居住成本	混雜	高	低	低
稅負	高	中	高	高
為了就職預做準備的品質	混雜	混雜	混雜	混雜
退休夢碎族群				
退休金不足	高	高	混雜	高
地區性的不均等	中	高	高	高
醫療保健的品質與成本	高	高	低	高
扶養比挑戰	中	中	高	中
被拖住的中年人				
轉職風險	高	高	中	中
保住生活方式的挑戰	混雜	高	混雜	高
親職／稅負	高	高	高	高

資料來源：作者群製表

03 科技造成的破壞與危機

二次大戰結束標誌著一段新時期的開始，這段期間創造出可觀的經濟與社會進步，最終卻導引出幾股力量，在全世界刺激出以「ADAPT」（不對稱、破壞、人口組成年齡結構變化、走極端和信任問題）為表現形式的憂慮。這也標誌了人類史上另一個重要的時間點：隨著核彈問世，我們創造出一種會滅絕人類與消滅自然界許多部分的科技。地球與人類社會過去也曾遭逢重大破壞，但是大部分都是天災或疾病爆發所造成的結果，如果是出於戰爭，承受後果者通常限於單一的主要地區或政治體系。[1]核戰可能造成的毀滅性後果，促使我們重新省思國家之間應該如何交流、我們應該如何保護自己免於自毀，以及我們應該如何設想彼此之間的關係。

如今我們也面對類似的兩難。人們的生活與社會中，處處可見發展快速且充滿活力的科技，以難解且看來錯綜複雜的方式威脅著人類與環境。科技當然大有貢獻，為人類日常生活重要面向帶來的益處多不勝數，但是，由於科技在人類生活中扮演過重的角色，也引發了兩種極嚴重的風險。第一是資訊科技對於人們的日常生活、目標以及抱負造成了破壞性的衝擊。第五章的重點談的是另一種顯然更嚴重的衝擊：我們用來生產能源、種植食物、製造與運輸貨物、往來兩地、建造工作與居住環境、以及讓我們過得舒適的基礎科技，讓這個世界過熱了。

資訊科技對人類與社會造成的破壞及有害效應

如果要孩子畫機器人，他們很可能畫出一個箱狀的人形：有著方方正正的臉龐、眼睛、耳朵、鼻子、嘴巴，還有跟人類一樣的四肢。在此同時，自一九五〇年以來，人類也對各式各樣的電腦做圖靈測試（Turing Test）；這是英國電腦科學家圖靈提出的概念，測試電腦是否能具備與人相當的智慧），試著找出涉入人類領域的機器是否展現與人類無異的智慧行為。

以上這兩件事，都指向人類和電腦與數位世界之間有著獨特的關係。其他的產品和服務，都不像電腦這樣被認為具有人類的智慧，不能像人一般具備處理複雜之事和資訊群組的能力以及（某種程度上的）感性特質，也沒有什麼東西有這麼大的破壞潛力，干擾人類生活的基本面向、以及對人類而言最重要的事物，連汽車也無法做到這一點，也因此，多年來，新科技在人類生活中扮演的角色不斷調整並重新校正，努力平衡科技為社會帶來的好處與對重要人類價值的衝擊，例如隱私、生計、生活品質、教育，以及人們和家人、親友及社群連結的方式。

幾十年前，人們尚未廣泛使用網路，還有，很重要的是，更近期主導人類經濟的大型科技平台（例如全球型的四大科技公司Google、亞馬遜〔Amazon〕、臉書和蘋果〔Apple〕以及其他如百度、阿里巴巴和騰訊）尚未出現，要維持平衡很難，但並非不可能。確實，很多將新的數位創新帶入職場、居家以及社交領域的行動，都是以科技是良性、有價值且可管可控的假設為前提。

但是前述的結論已經不再這麼清楚明確（即便是科技專家之間也這麼認為）。[2]正因為數位科技愈來愈能反映出人類智慧的特質，也比人類更有效率，進步的速度讓過去顯得遲滯，也就愈來愈難調和新硬體、軟體、應用程式和平台對我們的生活所造成的破壞。因此，科技不受限制，幾乎改寫所有產業和社會、政治以及經濟領域過去導引日常生活的假設，從人類的手上接手重要的任務，同時提供品質各有不同的新式溝通與訊息傳播管道。

科技造成的破壞極為深遠（而且很可能一波又一波連續不斷），在全球激發出齊聲憂慮，大家都擔心科技加諸的威脅，幾乎和我對話的每一個人都表達過這種感受。大家最先想到的，是大型科技平台快速竄起且無所不在，這會造成極大危險。[3] 這些公司巧妙地將商業模式建構在科技成就的重要特質上，包括大範疇的規模經濟和有能力累積海量數據並運用人工智慧從中爬梳出有用資訊，以及完全重新塑造購物、媒體、醫療保健、社交關係和財務的性質，融入成一個平台經濟體。這麼一來，大量的財富、影響力、消費與個人數據以及市場控制力量，就歸於這一小群的公司以及經營這些公司的人手裡。在此同時，其他科技進步則損害了工作與生計，比方說人工智慧與虛擬實境。

確定的是，科技可以是一股非常正面的力量。有了科技，幾乎什麼都變得更好、更便宜、更快速。商品與服務可以針對個人需求客製化，我們可以去做之前連想都沒想過的事，海量的知識都匯聚到了指尖，新創的產業興起取代了效率不彰的舊產業。我們面臨的挑戰是，由於科技在人類的生活中無孔不入，製造出來的傷害很可能甚為巨大。

簡單來說，我們要處理幾個難題：如何才能享受新世界的好處，同時管理或減緩不利之處？我們應該要求科技公司為了他們的產品引發的負面後果負責到什麼地步？科技公司要擔負什麼樣的自我監督、不製造傷害的責任？我們要如何捍衛自身，不讓科技以有害的方式改變我們？或者，就像蘋果執行長提姆・庫克（Tim Cook）二〇一七年在麻省理工學院畢業典禮上的演講所言：「科技能有偉大的成果，但是並不會想做出偉大之事，這部分是我們人類的工作……我不擔心人工智慧電腦有如同人類一般的思考能力，比較令人擔心的是，人會像電腦一樣，思考時不帶價值觀或仁愛之心，不去在乎後果。」本章要細談的便是新科技與數位化帶來的最明顯威脅，後面幾章則要談如何因應這些威脅。

財富不均

杜克大學教授菲爾・庫克（Phil Cook）以及他的共同作者羅伯・法蘭克（Robert Frank），是最早一批找到新式平台經濟核心本質的人，他們說：「贏者全拿」的情況愈來愈嚴重。[4]他們主張，在網網相連、知識密集度高、以平台為基準的世界裡，頂端的少數人賺到的回報高到不成比例，這是因為他們位處市場頂部，能接觸到的潛在消費者比對手更多，進一步強化本來的優勢地位，回過頭來，這些頂端的少數人又為自家的用戶提供更多的好處與便利（想想看Amazon Prime方案），新的競爭對手還沒有跨出步伐就已經被打趴在地。

這套大型平台公司如何持有極高的財富和權力的說法，很重要也很謹慎，但通常沒提到這如何助長財富不均。來看看一九六七年與二〇一七年美國市值最高的公司分別是哪幾家，然後再放大到全球範疇：一九六七年時，美國排名前五大的公司依序是IBM、AT&T、伊士曼柯達（Eastman Kodak）、通用汽車（General Motors）和紐澤西標準石油（Standard Oil of New Jersey），到了二〇一七年排名則變成了蘋果、Google的母公司字母公司（Alphabet）、微軟（Microsoft）、亞馬遜和臉書。一九六七年市值最高的五家公司，直接或是透過供應商間接創造了很多工作，二〇一七年的前五大公司創造出的職缺就沒這麼多了。舉例來說，一九七六年AT&T約有百萬員工，而二〇一七年字母公司僅有九萬八千名員工。以軟體為本的公司，不需要這麼多人、這麼多供應商就可以創造財富。因此，僅有一小群的員工可以因為最強大公司提供的最佳工作而受益，大部分的人則必須在比較沒那麼熱門的組織裡競求較低薪的工作。

地區優勢也呈現同樣的模式。[5]在知識經濟體裡，擁有受過高度訓練的員工、創業家，且能得到種子資本的科技導向型城市，科技新創公司占比極高，由於具有優勢地位，持續吸引更多公司。二〇一七年美國市值最高的前五大公司總部只分屬兩座城市，不言而喻。

地區差異還有另一個面向。以使用相同貨幣的經濟來說，科技投資最大、從中受益最多的地區，表現遠優於無法投資那麼多、或科技帶動的生產力成長較低的地區。舉例來說，古吉拉特邦（Gujarat）從印度國內生產毛額成長當中得到的益處，就比其他比較無法善用科技優勢的地區高了近兩倍之多。[6]中國內陸、美國中西部以及南歐洲等地，也上演著類似的故事。舉例來說，南歐洲產業界擁抱科技的速度比較慢，在定價上面對北歐洲時又略遜一籌，這就是歐盟造成的負面結果之一。

工作消失

讓全球陷於悲觀情緒的其中一個最重要因素，是人們唯恐自家公司精簡成本導致自己被迫退出勞動市場，或是因為新科技問世必須屈就於低薪職務。二〇一九年的艾德蒙信任度調查報告調查全球約三萬三千人，發現近六〇%的受試者都很擔心未具備適當的技能、以至於未來無法找到薪資合理的工作，近五五%的受訪者擔心自動化或其他創新會奪走他們的工作。執行長兼調查創辦人李察・艾德曼（Richard Edelman）解釋了這些數字背後代表的心態：「此時人們已經被恐懼主宰；每兩個人當中，就有一個人認為創新的速度太快。每五個人當中，就有四個人相信未來十年自己的經濟條件會更糟糕。這是前所未見的數據，追根究柢，人們的想法就是：我很擔心機器會搶走我的工作。」[7]

這番結論有多符合實際情況？牛津馬丁學院（Oxford Martin School）二〇一三年發布一篇開創性的報告，總結指出未來幾十年美國約有四七%的工作會因自動化而面臨高風險，[8]如圖 3.1 所示。二〇一八年，資誠針對二十九國做的一項研究發現，近三〇%的工作因為自動化而受到嚴重衝擊或根本消失。[9]雖然具體的數字有差異，但多數研究都同意因為自動化受創最嚴重的，將會是教育程度較低、女性以及年輕人等群體。

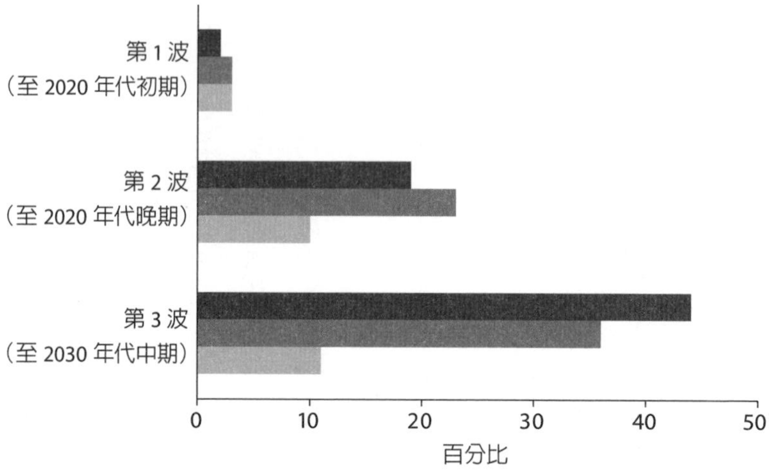

圖 3.1　現有工作因為自動化而處於高風險的百分比，根據不同的波段劃分

資料來源：PwC, "Will Robots Really Steal Our Jobs? An international analysis of the potential long term impact of automation," 2018. 資誠進行相關分析，基準數據取自經濟合作與發展組織的國際成人能力評估方案公開資料庫，網址為 http:// www.oecd.org/skills/piaac/publicdataandanalysis/.

考量未來自動化科技的可能範疇與規模，就業市場未來幾年很可能會受到嚴重影響，需要快速應變以將損害減到最低。牛津馬丁學院的經濟學家卡爾・班乃迪克・佛瑞（Carl Benedikt Frey）主張，「工業革命創造出前所未見的財富與長期的繁榮，但是對某一大群人來說，機械化造成的立即效果非常悲慘。能賺得中等水準所得的工作少了，薪資停滯了，勞動所得的占比下滑了，另一方面，利潤大增，經濟上的不平等拉到天差地遠。」[10] 佛瑞指出，在他稱之為「電腦革命」的時代也出現同樣的趨勢，後果會有多嚴重，完全取決於如何管理短期的狀況，必須協助人們培養重要技能，創造新的工作，並支持仍在初期發展階段、未來能創造新工作的產業或企業。

侵犯隱私

資訊科技平台的演變、雲端運算與數據分析，在便利、效率、個人化解決方案、知識進步與資訊取得、產品和服務等方面帶來可觀的益處，然而，當中的取捨就是現今許多個人數據都會儲存在雲端，數量超乎想像。這帶來了另一連串的新挑戰；重點是，我們要如何讓可用的數據用在我們想要的地方，同時確保隱私權有保障，且收集到的個人資料是正確的？[11]

資訊累積與運用人工智慧分析收集到的資訊，核心問題在於系統必須知道很多關於我們個人的資訊（並且繼續了解更多），才能產生最精準的評估，指出我們是誰、我們喜歡什麼、我們有哪些嗜好、做什麼工作、過哪種生活。如果我們希望科技能提供個人化的解決方案，就要持續提供更多且更準確的個人相關資訊。機器要有用，就要知道很多關於我們的事。但全世界都出現愈來愈嚴重的反彈，抵抗忽略人們隱私考量的科技平台與供應商。就因為這樣，決策者愈來愈大聲疾呼，要約束未清楚說明人們提交的哪些個人資訊可供平台使用、以及取得這些資料會去做些什麼事的科技業者。一般人多半認為可以接受企業使用個人資訊來增進公益（例如醫學研究），以及強化我們得到的產品與服務品質，但通常會反對因為這些益處而失去隱私權與個人安全感。

中央控制

累積個人資訊的平台與其他科技公司造成的最大危險之一，是這些資訊握在極少數但極大型的組織或政府手裡，可以用於不符個人最佳利益的用途。平台公司有誘因利用我們的個人資料獲利，政府有誘因用這些資料來做監控，不當的獲利動機造成的結果是本章要談的主題，至於政府和監控，某種程度上是現在進行式。舉例來說，中國政府就組合了一套社會計分系統，根據人民過去支付帳單的紀錄、學校表現、是否遵守交通法規與生育規定、使用科技的方式以及購物模式等指標來評等每一個人民。這套系統會從銀行、通訊業者和阿里巴巴等電子商務公司以及其他各類來源取得資料。[12]

西方國家的方案比較沒那麼激進、但某種程度上同樣是入侵私領域，他們仰賴Google、蘋果和通訊業者提供資料來做執法調查。雖然執行這些行動通常都需要傳票或憑證才能取得數據，但這也都是政府與執法單位行事過當的範例。

對很多人來說，政府單位可以透過管道取得科技公司收集到的個人資料，正是導致內心警鈴大作的原因，使人們大幅度對於公共機構失去信心。

社群媒體造成的干擾效應

臉書總用戶超過二十億人，追隨臉書的人數不亞於基督教，推特和 Instagram 也各擁超過一億有效用戶，其中很多人每天都在平台上花很長的時間。我們看到這些社交網路已經陷入了虛假訊息和錯誤訊息的糾葛當中，它們擁有幾乎無上限的力量，可以任意傳播與扭曲想法與事實，強化意見與情緒，散播真實與杜撰出來的敘事，並導引全球的人們最終談論的主題。

雖說社群媒體公司應該為自家網站上有問題的活動負起責任，但社群媒體上之所以出現潛藏有害的效應，實則是人性傾向的後果；人們花在負面內容的時間比正面的多很多。[13]所以，仰賴吸引與留住用戶點閱的平台業務模式因此創造出更多的負面內容，也就不讓人意外。此外，比起實際生活，人們在社群媒體平台上更可能霸凌與惡意對待他人，而且傾向於閱讀符合自身世界觀的線上文章或支持看法類似的人，這當然促使社會更加分裂成不同的陣營，抱持不同看法的人們不願意相信和自己不同道的人所說的話。

尚恩・帕克（Sean Parker）創辦了點對點（peer-to-peer）音樂網站 Napster，並在馬克・祖克伯（Mark Zuckerberg）創辦臉書時提供建議，他說的話可能是對社群媒體最嚴厲的批評。帕克最近出脫所有臉書的持股，因為他很擔心社交媒體平台對社會造成的衝擊。他說這個網站的成長是靠著「剝削人類的心理弱點」，再加上獎勵的系統，不斷滿足人類想獲得關注的需求，讓用戶從此上了癮。他對新聞網站《阿西歐斯》（*Axios*）自承：「我們不時就要給大眾來點刺激……因為有人對照片或貼文或什麼的點讚或留言……是一種社交認證的回饋圈……是人類的心理弱點。」[14]

很多建立成功平台公司的創業者都有遠大的目標，想要改善治理手段、促進社會融合、刺激創意和創新，並帶動最好的想法，但這些都沒有實現，如果都不去管，未來也不會實現。

讓人變得更笨的科技

加州大學舊金山分校（University of California at San Francisco）神經科學教授亞當．賈薩雷（Adam Gazzaley）和加州州立大學多明格斯山分校（California State University, Dominguez Hills）心理學教授賴瑞．羅森（Larry Rosen），這兩位很擔心智慧型手機以及其對人類智慧造成的衝擊。他們說，人類的大腦有兩大核心功能，第一是高階思考：綜合數據、貫通現有知識、創造、連結情緒、計畫和決策。第二是幫助人類執行計畫與採取行動。有趣的是，人的高階認知功能發展遠遠超越其他物種，但重要的認知執行能力（以短期記憶和可集中注意力的時間長短為基礎）卻和黑猩猩差不多。

聽起來已經夠糟的了，但在他們書名恰如其分的著作《紛擾心靈》（*The Distracted Mind*）中，賈薩雷和羅森說智慧型手機的搜尋能力和干擾特性讓情況更加惡化，進一步弱化人類的短期智慧。此問題的核心，是兩種無所不在的科技造成的基本後果。第一，我們大量提高多工傾向，而且真的是非常快速地從一項任務轉移到另一項，但大腦其實無法在同一時間處理兩項工作。賈薩雷和羅森很擔心人類已經失去好好做完一項工作的能力。「瞥一眼餐廳四周，看看在街上走著的人們，注意一下排隊等著看電影或看戲的觀眾，你會看到很多忙著滑來滑去的手指，」他們寫道，「人們看起來比較在意能透過裝置和自己互動的人，而不是眼前面對面的人。更重要的或許是，我們顯然已經失去和自己的想法獨處的能力。」[15]

第二是我們花在單一任務上的時間愈來愈少。不管是學生接受指導研究真正重要的主題、員工背負要求去完成重要的任務，還是開車上路，我們好好處理事情的能力愈來愈低落，耐性顯然也持續下滑：「較近期的研究甚至指出，所謂的『四秒鐘法則』實際上比較接近『兩秒鐘法則』、甚至是『四百毫秒法則』（不到半秒鐘），指向人極度沒有耐性，或者一旦需求未被滿足，我們會很快地將注意力從一個畫面移轉到下一個畫面。」[16]就因為人們難以忽視迷人的聲音、具吸引力的影響、以及無可抗拒的震動，才造就出這樣的結果。

更深一層的憂慮是，大腦神經具有可塑性（意指大腦可以根據使用情形自我重塑迴路），因此，人生早期培養出來的傾向會延續一生。如果我們習於閱讀與觀察短暫爆發的事物，就會習慣讓大腦的活動僅維持在短暫的爆發。如果我們立刻去搜尋記不住的事物，就會讓記憶能力萎縮。當然，科技可以也確實在許多方面讓人變得更聰明，但賈薩雷和羅森的研究結果指出，如果無視智慧型手機帶來的紛擾結果，情況只會更糟糕。

助長自我傷害

我的媳婦是讓我極為榮耀的人，況且，以本章所談的主題來說，她做的很可能算是拯救生命的工作。她專攻辯證行為治療（dialectical behavior therapy），治療的是患有焦慮或憂鬱症，且很可能藉由自殘或自殺來傷害自己的人。我們針對為何自我傷害的人愈來愈多這議題有過一次很精彩的對話。自我傷害的案例增加，有一部分是因為病患通報系統有改進、以及大家更認知到心理健康問題，但她說，科技也扮演了重要角色，這一點的背後理由讓人大開眼界。

舉例來說，人們在社群媒體上呈現的常常是理想化的自我、工作、人際關係和家庭生活，當一個人對自己的生活感到不滿、或拿自己與社群媒體上的他人相較下比較差時，就會湧現出深深的挫折沮喪。社群媒體上的交流有可能很殘忍、很暴力，不斷地向下沉淪。網路更是疑病症患者（hypochondriac）的夢幻樂園。就算此時此刻不擔心自己染上某種病，但如果上網查一查，很可能會確信自己在某個時候也罹患過這種病。

人工智慧讓人困惑

任何人都不會懷疑人工智慧極具潛力，最終將會把我們的生活變得更好。在機器上加裝相當於人腦的人工智慧輔助，將可加速解決治療疾病、開發藥物、解決工程難題、管理氣候變遷等錯綜複雜的議題、讓人們無須從事沉悶無聊的雜役、擴大創造力、傳播寶貴資訊，甚至能陪伴寂寞且失去行動力的人們。

但是，我們還未完全了解人工智慧程式如何學習，人工智慧程式的各個面向又如何影響更大型的系統表現，因此還無法充分控制結果。即便現在我們已經在設計人工智慧程式，但何種程度、哪些類型的程式設定或資料分析互動，又會導致系統產生之前並未預見的結果？在這些不確定因素之下，設定成要產生效益的人工智慧系統很容易就發生沒想過的結果，造成嚴重傷害。麻省理工學院的物理學家麥克斯．泰格馬克（Max Tegmark）就舉了一個很有趣的例子。[17]「想像一下你對一輛服從命令的智慧型汽車下指令：『盡快載你到機場，』他說，「這輛車可能會害你被警察的直升機窮追不捨，讓你吐到全身都是，這輛車所做的都不是你心裡想要的，但是完全符合你下的命令。」但泰格馬克對於人工智慧的未來並不悲觀，甚至相信人類能有效地約束人工智慧。他提醒我們：「人們學會了用火、再不斷地搞砸，之後發明了滅火器、火災逃生出口、火災警報器和消防隊。」

◌ ◌ ◌

運算科技極具潛力，智慧可與人類相當，這個概念讓數位裝置、軟體、系統和網路有了各式各樣的可能性，遠遠超過我們今日能想像的地步。但是，我們面臨的是另一個更重大的未知：我們如何設計政策與策略，以約束科技平台與數位化產生的有害衝擊？這是一項困難的任務。尤其是，科技造成的傷害已經危及人們的生計、社交關係、政治領域、經濟系統和全球的國際禮讓原則。要處理這項問題，首先要同時從廣泛與細部觀點出發，完整檢驗科技造成的威脅。光是從中得到的訊息，就能支持我們打造出適當的解決方案，推動讓科技發展成為人類不可或缺的僕人，而不是讓我們憂心的事物。

04 體制信任度與正當性危機

有些時候，你遇見了某個人，你的人生觀點就此完全改變。以我來講，此人便是當時擔任崑山市（位在中國東南方，靠近上海）副市長、主掌該市文化、健康與教育的金乃冰（Jin Naibing）。二〇〇七年時，有人介紹我們認識，自那一刻起，金女士就展現出她對於全球性破壞（其原因、危險以及可能的反彈效應）這個議題的深入理解。以一個從未在中國以外生活過、毫不掩飾自己全心忠於家鄉這座相對小城市的人來說，這一點非常讓人訝異。確實，她對於全球各地機構失靈的看法極具遠見，對於人們為何不信任機構更做出精湛的分析，完全預告了我隨後發展出來的「ADAPT」架構輪廓。金女士的分析為我提供了一個極具洞察力的平台，促使我去研究不同的機構制度以及要如何才能讓這些制度為人們提供更好的服務。她自己的分析結論讓人灰心，也讓她深為感嘆，因為她就和我一樣相信它們的價值（尤其是卓越大學的重要性），在拉抬城鎮、地區和國家前景的同時，也能產生約束力。

如今她已將近六十歲了，她剛成年時遇上的是毛澤東體制的後期階段，當時四人幫與文化大革命正如火如荼，到處都在關閉大學、焚燒典籍，把人趕出城市下鄉工作，並且推動再教育活動。雖然金女士並未和我談過這段時期，但她為了她的社區所規劃的社會與政治定位，完全和文化大革命的宗旨背道而馳。

金女士成長期間家境相對貧窮。崑山這個小城鎮仰賴的是農業，以及用粗窯燒製產品來帶動這個地處邊緣的經濟體。然而，到了二〇〇三年，金女士被提名擔任崑山副市長時，城市裡原本有限的製造業基地已經轉型為電子工廠集散中心，高峰時有超過四千家公司，多半由台灣人開設（包括製造蘋果產品的富士康〔Foxconn〕）。崑山的人口大幅成長，主要是從中國內陸農村地區湧入城市的移民，他們來到這裡的工廠工作。

金女士認為崑山熱絡的經濟活動是大好機會，能在許多關鍵面向強化這座城市，讓崑山市踏上邁向成為世界級城市的道路。她相信，如果假設崑山的製造業活動就足以確保繁榮的未來，那就是犯了大錯；她認為，全球的經濟環境變了，一座城市若無法持續善用好運、大幅改善人民的生活品質以及政治經濟前景，無論市中心散布了多少工廠，實際上就是退步。無論當時或現在，這都不是中國地方政府官員的共同立場；公務人員要不是用比較保守的態度來提升在地環境，不然就是利用職位來推進自己在系統裡的發展，通常是透過調往其他城市。金女士很獨特，她罕見地深耕崑山，這也衍生出了一股深刻的信念，認定持續忠誠對待自己的社區以及人民是一種義務，而不僅是一種選擇。

金女士從二〇〇〇年代初期開始推動的四大創舉很值得一提。首先，她為移工打造了教育體系，並提供更大量的住屋，改善他們的居住環境，讓他們可以跟崑山本地人並肩。金女士覺得這麼做才是對的。第二，她挪出崑山備受讚譽的美術館高樓層，專門用來展示該市兒童（包括外鄉移民）的作品，並作為表演空間，帶動競爭，提升崑山市整個地區的文化產出。金女士說，教導並鼓勵崑山兒童發揮創意的相關作為，用意在於彌補中國失敗的教育體系，以及著重填鴨式學習的誤導重點。要足足等到十年之後，中國其他地方才開始採行比較接近金女士在崑山所推行的新式教學策略。第三，她放眼全球尋找私人醫院，升級當地醫療保健設施的品質。第四項是她最為雄心勃勃的計畫，她吸引了一家美國的菁英大學來到崑山設分校。

這也是我來到崑山的機緣。二〇〇七年，在我即將成為杜克大學學院院長之前，我去了一趟中國，要找一個地方設置福夸商學院校區。金女士聘請一位加拿大顧問來幫她尋找大學，顧問聽說了我的旅程，鼓勵我和她見面。金女士對我做的簡報提出很多回饋意見，引我深深地重新省思一番。金女士在說明她為何認為崑山市需要一家備受讚譽的美國大學時，深富洞見且機敏地預示了如今看到的制度正統性危機，當時這種情況才剛剛顯現端倪。

金女士極具先見之明，她針對大學對於崑山市的價值所做的分析證明了一點：機構制度在全世界仍然有其重要性，但同時全球也顯現出普遍的缺失，致使人們愈來愈不信任制度，認為這些在最好的情況下也不過是事不關己的安排，在最糟糕的情況下將變成惡意的存在。我在好幾年後才會和各地的人們談到他們最深切的憂慮，但金女士睿智非凡，當時已經開始勾畫出我日後才從對話交流中整理出來的「ADAPT」架構（這也是各地人們最深沉的憂心）。金女士的主張極具說服力且別有新意，我帶著一所美國的商學院來到她的城市，她最後把它變成了一所完整的一流大學，我們暱稱為崑山杜克（Duke Kunshan）。

金女士的制度失靈主張重點來自於她的高瞻遠矚，看到了四種會引發問題的發展情勢：

1. **破壞造成的負面結果**：科技的破壞，很快就會在崑山市以及其他開發中國家的中層城市引發毀滅性的效應。崑山市以及其他同類市鎮創造出來的經濟成就仰賴的是低成本、高技術性勞工的模式，隨著人工智慧與機器人搶走當地工人的工作，這套模式會愈來愈沒有優勢。（確實，二〇一六年時，由於引進機器人，富士康就把崑山的員工數量裁減了一半，從十一萬人減為五萬人，約有六百家大型的崑山企業說他們也有類似的規劃。）金女士的確有道理憂心新的科技浪潮將會集中在設有大型大學、可以取得資本且擁有眾多科技素養員工的城市，比方說上海、深圳和北京。科技的破壞摧毀了很多與崑山相似的地方，不但毀了當地的經濟支柱，還讓這些城鎮被人遺忘幾十年，少有成長與進步，導致前景持續黯淡，也讓當地的居民淪為二等公民。

從制度的觀點來看，金女士知道崑山現有的設計是為了支撐起大型的人力密集產業模式，這個城市需要徹底改造，如此一來，與中國其他更強勢的都市城鄉相比之下，才能維持優勢地位，考量到破壞會改變社會與經濟態勢，就更需要革新。崑山市需要全方位的策略安排基礎建設，吸引更多具備科技素養的人才、創投資本家和創立新企業與產業的創業家，重新整備與更新人民現有的技能，然後打造一座真正的智慧之城。金女士總結出要完成以上這些任務，不成為另一座被遺忘的小城，崑山需要建立一所二十一世紀的世界級大學。

2. **全球分裂造成的負面結果**：我和金女士都很推崇薩謬爾·杭亭頓（Samuel P. Huntington）所著的《文明衝突與世界秩序的重建》（*The Clash of Civilizations and the Remaking of the World Order*），作者在書中主張後冷戰時代，深深嵌入的文化認同（有些地方則是宗教認同）將會決定世界的衝突場域。[1]用這種說法來看，中國和美國等地區會以不同的政治、社會與文明架構的文化觀點為立基點，競奪經濟與政治權力。這樣的分裂會造成的風險，是導致這個世界變成一個充滿危險、但又沒有國際性機構出手管控的動盪之地。金女士相信，當世界四分五裂，就非常需要跨境機構，好有場合能進行辯證、設法達成合意並理解各國的相對優勢和劣勢。她期望，素來鼓勵與捍衛公開對話的杜克大學，能在中國扮演這個角色，在這裡進行其他地方必會加以抑制的學院式坦率對話。在此同時，金女士預見來中國上大學的美國學生將會看到更平衡準確的中國生活、風俗、信仰與政治樣貌，這是他們在美國念書無法見識到的。簡言之，金女士的目標是要培養新世代的年輕人，讓他們能夠欣賞世界上各主要社會之間的差異，並尊重差異。

3. **人口組成變化造成的負面結果**：金女士的第三個想法，重點在於為何杜克大學想要在崑山設立分校，而不是為何崑山市需要杜克大學。她指出，人口組成的變化將會對全世界的教育系統造成極大壓力。在美國、歐洲、加拿大和澳洲，人口正在老化，申請進大學的本國學生人數正在下降，因此，這些國家的大學愈來愈仰賴海外學生的註冊費來支應各項費用。金女士相信，這套策略最終將會失效。隨著其他國家提升教育體系，再加上國家主義站穩腳步，這些大學在本國能找到的海外學生會少很多。金女士說，中國是全球人口最多的國家之一，對全世界的學生來說也是極具吸引力的地方，在這裡設立大學，將有助於緩和大型大學即將面臨的學生短缺問題。她確實提出了大格局的觀點，直指人口組成變遷對於人類脆弱的機構制度造成的衝擊。教育體系裡的人數不是太多就是太少，稅收愈來愈仰賴不斷縮小的族群納稅以支應基本服務與社會體系，在年輕族群大增的地方，公家的就業發展方案與民間部門都跟不上人民想要找到高薪工作的需求。

4. **制度的惰性**：最重要的或許是，金女士身為近距離觀察制度的人，她體認到目前設立的中國教育體系抗拒必要變革，但中國正需要這些改革才能在新科技進步帶動轉型的世界裡與人競爭。現有系統中還留有許多過去融入的蘇維埃教育取向元素，在這種模式下，通常期待大學培養出來的學生畢業之後能在國營企業、重工業任職，或是執行政府領導階層要推動的專案。一般而言，這些活動比較會受到過去的經驗影響，而非過去幾代人都不熟悉的未來態勢。

金女士已經事先想到，中國的教育系統要能有效因應全球破壞的力量，就必須在要教什麼、研究什麼，以及如何教、如何研究這兩件事上積極變革，必須適合用來訓練可以在私人創業、科技、服務業上開創職涯的學生，焦點要放在快速變遷的專精領域，例如醫療保健、分析、環境和新式的生物與材料科學。金女士希望引進杜克大學使其變成中國各大學的催化劑，作為推動各校適應新局的範例，為中國學生提供他們需要的知識與工具，讓他們在動態新科技的世界裡足以闖蕩與創新。金女士很幸運，中國負責規範海外大學的教育部次長認同她的想法，也認為中國需要這類外部刺激。杜克大學和中國簽訂的合約中納入了各種治理規範，以確保大學的學術標準與自由在中國與在美國不會有任何差別。杜克大學決意成為帶動整體的例外。

如果考量到金女士針對制度與全球有害趨勢提出真知灼見的時間點，那又更讓人佩服了；當時還沒有讓全世界的分裂加劇的金融危機，新民粹主義尚未興起，成為過去十年標誌的快速成長不均還沒出現，以達成全球共好為重點來設計倡議行動的共識也沒有分歧，美中之間的關係還未緊繃，貿易戰還沒開打，中國與美國的人口老化還沒有凸顯出人口組成變化的威脅。金女士指出如大學這等機構制度不僅是授予學位，更可成為寶貴的公共財，她也鞭策相關的機構制度，要機動迅速因應不斷變化的趨勢與情況，以捍衛傳統的文明慣例，還要能具備相當的可塑性，當慣例改變時能重新塑造自身的角色，做得更好。

遺憾的是，金女士最擔心的全球制度硬化症還是發生了。包括國際秩序、多數政治體系、醫療體系、金融體系、法律與決策體系、稅務體系和握有第四權的新聞體系，所有意在讓社會妥善運作的機構，各以不同的方式陷入危機。二〇二〇年的艾德蒙信任度

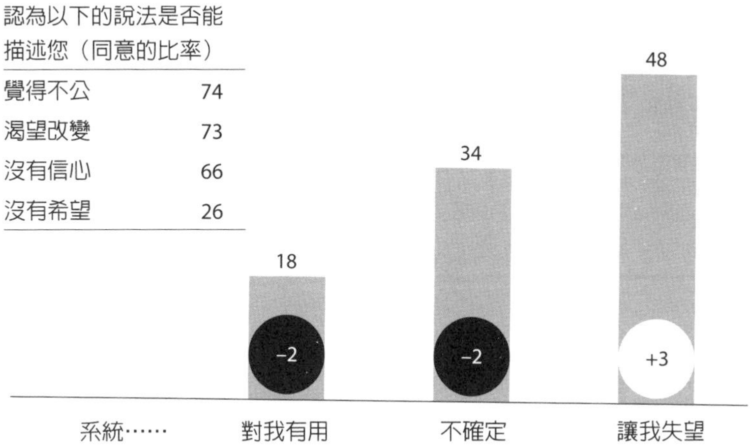

圖 4.1　同意系統對他們來說有用的受訪者比率

資料來源：2020 年艾德蒙信任度調查報告。

調查報告，就捕捉到這項危機最直接的證據（圖4.1）。本次調查衡量二十六個國家人民對於機構制度以及社會和政治體系的態度，不到二〇%的人說系統對他們來說有利，約三分之二的受訪者覺得他們活在一個不公義的世界，非常渴望改變。

各種機構制度目前都在苦苦掙扎，希望擺脫衝突。一般而言，適應速度慢是機構制度的優點，對於社會有效運作來說很重要。比方說，少了穩定的警力，就沒有安全。少了穩定的金融體系，就無法設定與打造機構、產品和服務，也無法執行業務。少了穩定的稅務體系，政府就沒有錢運作。少了穩定的教育體系，人民就無法學習、成長、適應。傳統上，人們相信並仰賴機構制度，因為它們提供的其實就是穩定。

然而，當科技造成嚴重破壞，經濟充滿不確定性，譏諷的政治虛假訊息鋪天蓋地，種族與社會分裂，此時問題就出現了，開始有人質疑學校提供的是否是學生需要的教育，很多人也非常擔心整體系統根本就棄他們於不顧了，因此，制度必須更敏捷、更有適應力，才有助於盡量減輕這些以及其他趨勢所造成的傷害。政治對話可以忍受社交媒體上的假消息攻擊多久，最終導致民主與公平選舉永遠受創？當社群相信自己被稱之為人民保母的警察折磨，無論這個想法是對是錯，警方能否忽視人民要求更透明的呼聲？

制度面對的挑戰，是要能快速變革、同時又不能導致它們本來要服務的社會不安，也不能傷害讓它們成為穩定世界力量的重要監督機制。如果制度變動太快或方向錯誤，就會使得它們本來要服務的人民承受權利被剝奪的風險；但是，如果變動太慢，風險就會變成制度不符合人民的需要。如果想要更進一步檢視這項困難的平衡任務（實際上，我們要檢視的其實是制度的無能，因為它們根本無法妥善承擔起這項任務），透過社會中重要制度的眼光，進一步分析制度如何在動盪的時代中失靈，會很有用。

科技造成的破壞：侵蝕第四權

如果沒有實質的介入行動，現有的重要制度不是難以適應科技導向的世界，就是被其所傷。來看看我們在第一章略提到的媒體困境。我們不斷聽到有人抱怨媒體報導不正確，但至少從殖民時代以來與艾德蒙．柏克（Edmund Burke）等制度主義者的影響力提高之後，一般人都同意媒體在社會上扮演重要角色，有助於養成資訊充分的有見識公民。[2]少了這些有見識的人們，民主就無法欣欣向榮，因為民主體制之下的人民必須做出和國家未來有關的決策，少了正確的資訊，就做不出好選擇。問題是，如今人們再也不相信媒體是誠實的中介者。比方說，皮尤基金會（Pew Foundation）在美國做的一項調查指出，民主黨人會比共和黨人更相信媒體是以公眾的利益行事，比例高了四六％。更讓人警惕的是，在和從事新聞業、與新聞大有關係的共和黨人中，僅有一六％相信媒體刊載的訊息，相較之下，民主黨人則有九〇％。[3]

換言之，如今只有一半的人認為媒體有利於公益，而且從政治立場光譜來說，還是非常特定的那一半。歐洲的媒體信任度調查也出現同樣的結果，自認為是中產階級以及表現不如北歐洲各國的南歐洲國家居民，得出的信任度最低。最後，以全世界來說，不支持現任政府的人民，比較可能覺得媒體並未公平報導政治議題。

從這些調查結果來看，晨間諮詢公司（Morning Consult）指出美國前十五大極端走向的品牌有十二家是媒體公司，也就沒什麼好意外的了，[4]榜上的非媒體公司只有川普旅館集團（Trump Hotels）、史密斯威森槍械公司（Smith and Wesson）和耐吉（Nike）。我想，大家都猜得出來最極端的媒體公司是哪兩家，那就是：CNN和福斯新聞網（Fox News）。在美國生活，免不了時不時就會看到這兩大新聞台播報的內容，我們很容易就能得出結論，某些媒體真的非常走偏鋒。我和人們有過幾十場對話，他們都表達很擔心政治上針鋒相對的觀點會導致他們家庭、夫妻、親子和手足互相衝突。當我問起他們從何處得到新聞和訊息時，顯然他們各自都是從完全不同的事實基礎出發，兩方之間必有一方看的是福斯新聞，另一邊看的是CNN。我通常建議他們去找雙方都認同的較中立資訊來源，作為兩邊討論的起點，但大部分的人都找不到。[5]相信媒體真的能符合「中立」的絕對意義是很天真的想法，但不可諱言的是，新聞裡的平衡報導以及呈現訊息時的不偏頗態度，顯然正在消失，而且速度快到驚人。

以下三項互相交織的因素綜合起來最能解釋為何媒體走極端。第一，要求媒體平衡報導的法規普遍鬆散；第二，隨著進入門檻降低，網路、電視、廣播和播客上創造出幾十種新資訊管道，在不同的政治立場上有更多選擇；第三是廣告的機會。新舊新聞機構競相追逐利潤時，媒體若可以吸引到大量想擺脫中間機構、尋求直接收聽與收看資訊的閱聽人，就會變成贏家。在這樣的環境下，如果沒有極具說服力、讓人難以抗拒的推銷說詞，很難尋找與維持大量的追蹤人群。而說到底，人們最難抗拒的選項，是讓人更堅信自身政治信念的同溫層，而不是刺激他們質疑自己的真相版本的媒體。

全球分裂：多邊機構的腐朽

國家孤立主義萌發，各國一心捍衛社會、文化與政治的差異，而不是努力在差異之間折衷妥協，讓這個世界分裂成幾十個各自為政、不輕易讓步的區塊。這引發了嚴重的問題：分裂讓我們失去了因應國際層級問題所需要的全球性合作組織。毫無疑問，這樣的分裂目前是進行式，比方說，七大工業國（Ｇ７）或二十大工業國（Ｇ２０）的高峰會議曾經發揮重要作用，為各國提供非正式管道，以求順利化解全球性的困難議題。二〇〇七到〇〇八年充分顯現了這一點，當時Ｇ２０的財政部長運用這個群體中的善意與共識，在市場崩盤之後矯正全球金融體系。然而，無論是氣候變遷、貿易還是任何其他急迫性議題，隨著各國與各領導者追逐自利超過尋求達成全球集體共識，近期這種層級的會議效果愈來愈低落。[6]從許多方面來看，工業國高峰會助長了民粹主義、國家主義的興起以及政治的極端化，也因為這樣，愈來愈看不見成果。

然而，G20並非今日唯一陷於危機的重要多邊機構。二〇一六年，南非退出國際刑事法院（International Criminal Court），這是一個具二十年歷史的組織，成立的目的是在起訴國際罪行，包括種族滅絕和戰爭罪行。浦隆地、甘比亞和俄羅斯很快也跟上。世界貿易組織（World Trade Organization）二十餘年來進行相關的談判協商，仍舊無法就最新的全球貿易自由化規則（即一般所稱的杜哈發展議程〔Doha Development Agenda〕）達成協議。最明顯的例子可能是這個：二〇一九年，英國保守黨以明確的反歐盟政見在大選中贏得決定性的勝利，終結了長達三年的不確定性，加速政府帶領英國脫離歐盟。這只是其中的一些範例，這份清單還可以往下列得很長。

多邊機構制度是自願性的，要成功必須要有兩個先決條件：每一邊都遵守決定，每一邊都要執行本來要執行的功能。[7]然而，這兩個條件常常不再成立：只有兩個國家遵守巴黎氣候協定（Paris Climate Accord）；過去五年在聯合國安理會（UN Security Council）出現的否決票，比一九九〇年到二〇〇〇年這整整十年還多兩次；很多國家完全不理會核武禁擴條約（Nuclear Non-proliferation Treaty）。

極端化使得多邊機構愈來愈難維持下去，因為各國的領導者著眼的是自家的個別利益，把廣泛的全球利益排除在外。更麻煩的是，有很多議題是全球性的，需要大家共同協調採取行動，例如因應氣候變遷、傳染疾病管控、核武擴散、軍事衝突以及就業機會成長。少了有效的多邊組織，就無法解決這些問題。

人口組成的兩難：教育的不足

人口變化趨勢嚴重打擊教育系統。在經濟發展程度較高的國家，人口成長緩慢，一方面稅收減少了，一方面申請就學的人減少，導致能用來提升教育機會的收入也跟著少了。在一般而言比較不富裕的國家，年輕群體占人口的比率非常高，在這些國家，人民對於從小學開始的各式教育學程需求甚殷，但這些地方沒有資金可供運用，也沒有能力發展這些學程。

教育體系雖為不可或缺的制度，事實上早已讓人們失望好長一段時間了，只是現在後果更加苦澀。舉例來說，比較不富有的學生除非能拿到適度的獎學金，努力奮戰穿越重重障礙，不然很難進入多數私立的大學預科學校和正規大學。比較富裕的家庭在這方面占據的優勢，一直延續到研究所：提供最佳研究所教育機會的大學，收進的富裕學生高到不成比例。這造成了惡性循環：有錢人能獲得更好的教育並提升教育成果，[8]而這通常又能為前百分之一的富裕家庭創造更多的財富，並提供他們的下一代更好的教育機會。

要打破循環，必須從小學、高中到大學的公立教育系統都有足夠的資金，但這一點在現今幾乎不可能。這個問題有一部分也標誌了另一個機構的問題：稅務系統。目前的稅收形式與水準，導致可用於教育等重要社會需求的整體資金大幅減少。今日多數國家的稅制多半有利於富人，從所得最高的前一%者徵收到的稅收比率，低於其他人，與二十世紀中期的稅金支付率（tax-paying ratio）形成強烈對比，更因為所得不均而愈趨嚴重。

同樣嚴重的問題是，由於比較貧窮的人花掉的財富比率高於富人，經濟能力位居下層的人要承擔更重的銷售稅或附加稅。房地產稅也有利於富人，這些人通常擁有價值可觀的房地產，但是單一房地產在他們總財富中的占比，遠低於一般的屋主。

各級政府要滿足稅收需求得更加倚賴經濟能力較低的人納稅，因此無不繃緊神經，面對現金流短缺的問題。事實上，自二〇〇〇年以來，澳洲、加拿大、丹麥、芬蘭、愛爾蘭、以色列、挪威、瑞典和美國的稅收占國內生產毛額比重都在下降。[9]政府公庫的錢少了，教育以及其他社會需求，例如強化基礎設施或工作技能升級培訓，必然不足。累退稅率（無論是名目上的或實際上的）終將會使得富人與窮人對立，在可以隨心所欲滿足自身所有需求的有錢人以及存不了錢支付大學學費的人之間，劃下憤恨的鴻溝。在教育方面，稅收少了，導致學校的品質差了，回過頭來，教出的畢業生無法做好準備協助科技創新、帶領組織突破與生成文化創意，而這些都是挹注經濟成長所必要的內涵。一旦經濟不景氣，稅收也會跟著下滑。

少了稅收挹注公立大學資金，替代方案就是調高學校的學費，但這也已經不再是可行選項了，部分理由就在於人口組成變遷危機。西方國家的艱難處境尤其明顯，這裡的人口正在老化，本地學生人數不斷減少，價格上漲顯然不是解決需求下滑的答案。隨著全球化建構出的深度國際關係慢慢崩解，申請進入非本國學校的海外學生也跟著減少；甚至，有些政府還推動國家主義的移民政策，限制某些地方的學生不得申請。最重要的是，提高公立大學學費在任何情況下或許都不是好主意：這會傷害最應該成為受助對象、應該讓他們好好接受教育的學生，因為最貧窮的學生可能會被高成本擋在門外，或是必須背負更多債務才能支應求學期間的費用，畢業時要承擔的債務更重。

最後，大學很可能藉由發展相關學程、瞄準成人的終生學習需求，來解決部分收入不足的問題，在科技造成破壞、很多人都必須更新自身技能的時代尤其如此。但少有學校開始思考這一群有潛力的學生，大型機構的變化速度堪稱牛步；例外的是少數幸運兒，能有像金乃冰這樣的領導人帶領，讓他們能立刻提供服務以因應大幅的轉型。

當機構制度能發揮適當的功能，社會就能更強健；這些機構制度可以為社會帶來好處並提供重要服務，帶動整體運作。但它們也面臨風險。如果機構是企業，我們就會任它們倒閉，反正總會有人起而代之。問題是，這些都是社會中的重要元素，提供的是讓整體能夠運作的基本架構。因此，機構制度可能失靈、甚至出現嚴重的效能問題時，對於一個需要由本地、地區和國家層級的各項機構制度來解決各式各樣問題的社會而言，是一大危機。一旦將事物凝聚在一起的力量消失之後，剩下的就是無力感。當我們真正發現機構制度已經沒用之時，可能為時已晚。

05 極端化與領導危機

我的專業生涯有很大一部分花在協助領導者做好準備。我現在擔任的職務中包括發展策略與培養領導能力，之前我則成立並領導杜克企業教育集團，這是被視為全球最出色的高階主管教育機構之一。但如果思考一下本書的主題脈絡，所有從事培育下一代領導者這項業務的人看來都失敗了。我們的錯誤，是忽略了全球化可能造成的嚴重副作用，新的全球秩序有一部分是妄想，注定短命。我們忽略了副作用可能造成的結果（確實，這些都是預期不到的結果），下一代領導人要面對的世界將與過去世代大不相同，而且，在各個方面都會更難順利過關。

「ADAPT」架構（指的是不對稱、破壞、人口組成的年齡變化、極端化和信任問題）的五大要素中，極端化對於領導的影響最鉅。在「ADAPT」的分類中，「極端化」是一種綜合性用詞，代表的是三種因為不同社會層面的分裂與拒絕現狀而產生的三種密切相關現象：全球共識崩壞、國家主義興起和民粹主義更高漲，以及國家與地區內部的切割分離。這三個因素基本上會導致原本作為工具之用、提出合作性方案因應全球問題的全球性機構使不上力，在此同時，還助長狹隘的愛國主義和情感操弄為本的異議政治崛起。一些民粹主義運動裡的尖兵保有勢力的辦法，是說服追隨者以外的人（事實上，他們指的是國內任何不認同他們的人）都不值得關注、都想要毀掉他們現在的生活方式。有些全球主義傾向較強烈的領導人，則直斥很多人不再樂觀認為未來會更美好的顧慮沒什麼道理。

在這樣日趨艱難的環境下，僅有少數領導者能超脫極端化以及其附帶而來的憤世嫉俗，發揮有益的影響力。他們認知到，自己的角色是要在影響力所及範圍內豐富人民的人生與改善生活條件，激勵人們秉持著同心協力、正直誠實和合乎道德的態度，提升自我並強化與他人的互動。反之，多數其他的未來領導者即便懷抱最良善的用意，也都受限於全球化輝煌之時寫下的過時法則，因此處處制肘。這表示，如果我們相信這個世界一定要由出色的管理者來統籌構想、人民、公司與政治，才能在二〇三〇年前克服危局，那麼，馬上要面臨一項比過往更重大的風險：我們必須培養在策略上能創新且嫻熟政治的新類型領導人，而且他們還必須具備各種罕見的人格特質組合，比方說接受英雄主義、但又極為謙恭，或是懷抱在地草根精神、但又有能放眼全球的世界觀（第十二章會再詳談這些以及其他領導特質）。

因為極端化而釀成的領導危機基本上已經讓這個世界癱瘓，讓我們無法應對國內、外對未來威脅甚鉅的最重要問題。想更深入了解極端化在領導上造成的影響，最好的切入角度是因為大量使用科技引起的第二項嚴重破壞：氣候變遷。科學家已大致形成共識，同意如果放任不管，氣候變遷將會導致災難性的後果，包括消滅大量的物種（尤其是嚴重傷害海洋與珊瑚礁生態、海平面上升導致許多海岸低窪地區下陷，以及極端天候和嚴重乾旱造成的農損與林毀）。[1]多數科學家也認為，如果我們在未來十年不因應氣候問題，很多後果將無可挽救，人類也要冒著自然進程加速的風險，比方說北極釋出甲烷，將導致加熱速度更快的溫室氣體排入大氣層中。[2]

就像本書詳述的其他危機一樣，氣候變遷會讓「ADAPT」所有的要素更加惡化。各國最貧窮地區的人民遭受最嚴重的衝擊，使得財富危機火上澆油。赤道地區會出

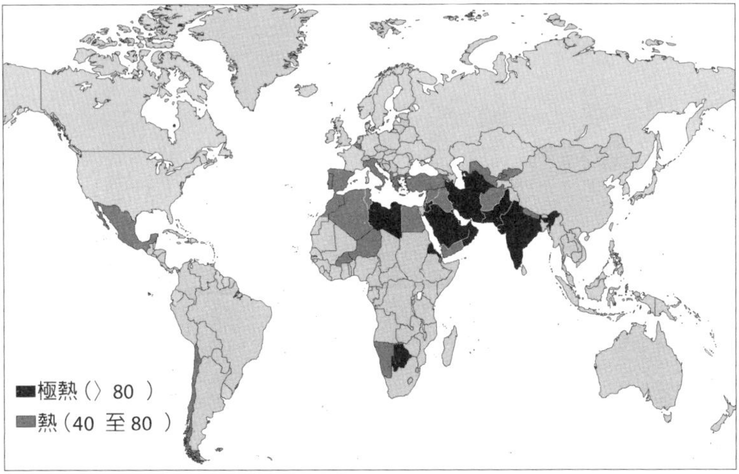

地圖 5.1　預測 2025 年水資源稀少的分布情形

資料來源：世界資源研究院輸水圖（WRI Aqueduct），網址為 www.wri.org/aqueduct ，存取日期為 2020 年 1 月 29 日。由比爾 · 尼爾森重新繪製。

現最嚴重的乾旱效應，世界上某些最貧窮的國家居於地勢極低之處，房屋的結構沒那麼牢固，卻得承受颶風和龍捲風的衝擊。這當然不是巧合；社會中最富裕的人與最有權有勢的人會替自己選擇最適合耕種、最宜人且受到最佳保護的土地，而且，當乾旱與荒漠環境逼近時，富人也還有他處可供避居，窮人則被迫必須留下（參見地圖 5.1）。

至於氣候變遷對於機構制度正統性危機造成的衝擊，則可從幾個地方來看。先來看看金融體系。保險業將處於極大的壓力之下，房貸放款業者在定價時則未完全計入氣候變遷效應造成的大量貸款違約。氣候變遷會引發應變救援的需求，人民會流離失所，還會造成各種破壞損害，使得政府的資源左支右絀。氣候變遷會造成的威脅是災難性、全面性的，甚至威脅到生存，因此，全球領導者必須齊心合作，共同面對與戰鬥，這一點應該無庸置疑；然而，我們都知道，現在做不到這一點。極端化會造成四種副產品，阻礙全球在這方面展現具啟發性且高效的領導：

1. 拒絕專業；
2. 事實基礎走極端；
3. 輕重緩急走極端；
4. 國家主義盛行與全球缺乏共識。

拒絕專業

千百項規劃嚴謹的研究累積出大量的科學證據，指出氣候變遷確有其事，其風險不可等閒視之，但全球還是有很多人否定這些結論。這正是走極端的結果；極端化，就是鼓勵抱持某種立場的人忽略專家的立論有多麼實在的事實與數據支撐，只要另一邊的人支持，就要為了反對而反對。

以氣候變遷來說，雖有特定政治立場的人會斥之為無稽，但大致而言，不管是贊成還是反對，確認偏誤（confirmation bias；指人不顧事實，偏好支持自己或於己有利的意見）如今很普遍，大家只聽自己想聽的。或者，就像媒體與傳播學者艾瑞克．尼斯貝特（Erik Nisbet）和他在俄亥俄州立大學（Ohio State）的同事在一份廣泛的研究中發現：「自由派與保守派同樣都以負面態度對待與己不同調的科學訊息，導致人們對於科學界的信任大減。」[3]舉例來說，你可以試著去跟自認是進步主義者的美國人講講看，看看對方願不願意承認沃爾瑪超市（Walmart）獨力帶頭做了一項大型的節能活動，善用其零售力量讓消費者從白熾燈泡改為使用LED燈泡。即便提出了事實證據（比方說，每個LED燈泡排放的溫室氣體少了八成），但這些左傾的人會說：「沃爾瑪很可能付了錢，那些人才這麼說；他們所做的一切都在破壞環境。」

至於其他人，就像葛瑞格．路加諾夫（Greg Lukianoff）和強納森．海德特（Jonathan Haidt）在《為什麼我們製造出玻璃心世代？：本世紀最大規模心理危機，看美國高等教育的「安全文化」如何讓下一代變得脆弱、反智、反民主》（*The Coddling of the American Mind*）所指，大學校園裡致力於消除可能會困擾某些學生的文字與想法（以今天的術語來說，叫樹立安全空間），是另一股帶動確認偏誤的力量。[4]如果某些概念或立場從一開始就被定義成是錯的，我們又如何能期待，即便結論讓人不安，人們仍能去傾聽意見不同的人說些什麼，並透過對話在更大的格局上達成合意，同時認同專業的價值？

事實基礎走極端

社交媒體是事實走極端的罪魁禍首。各式各樣的同溫層讓人們讀到與自身想法相同的資訊（社交媒體上的內容偏好用演算法把用戶喜歡的資訊餵給他們，通常未經過濾或事實查核），也因此，如果有哪個專家提出的主張與社交媒體傳播的資訊不一致，就更得不到用戶的信任。

路加諾夫和海德特說，目前有一種認為人生就是好人與壞人對戰的普遍想法，這只是其中的一部分。這同時導致美國的政治對話難以交流，因為抱持異議的人就會被定義為「壞人」。要解決氣候變遷問題需要有很多很艱難的取捨，如果連提起這個話題都很可能被視為「敵方」陣營的人、馬上被鄙視，那麼，領導者要如何開始討論該做哪些取捨？

輕重緩急走極端

二〇一九年初，我人在巴黎，在那之前法國總統馬克宏（Emmanuel Macron）剛剛小幅調升了汽油的價格，引發一場混亂。號稱「黃背心」的運動人士衝上街頭，憤怒地要求馬克宏收回漲價政策，最後他們贏了。我在想，當我們要因應氣候變遷問題時，這類行動也會變成常態。沒錯，「黃背心」運動和他們的支持者完全有理由抱怨，巴黎就像許多大城市一樣，房價高得誇張，很多從事我們所謂「腳踏實地工作」的人（比方說維修物品、提供飲食、收銀等等），必須大老遠跑到市外才能找到價格合理的住宿。他們必須負擔通勤到巴黎的成本，即便汽油只是小幅上漲，都可能會讓他們早已捉襟見肘的預算爆表。

為了因應氣候變遷必須做的每一件事，幾乎都會引起類似的衝突爆發，差別在於有些只是短期。這些結果無可避免也會讓其他問題更加嚴重。經濟條件最差的人因為轉換到新形態能源而擔負額外成本時，會擴大貧富不均；當能源產業的職缺轉移到碳密集度較低的能源時，破壞會加劇；人口高齡的國家燃料稅的收入會逐漸減少，他們必須在原本就已經消耗殆盡的國家稅基上加諸額外的負擔；至於有大批年輕人口的國家，則必須想辦法另闢蹊徑，不能重操其他國家過去執行的成長策略，不能再用便宜的能源支撐快速的工業化，但又要創造就業機會。

在如今這個極端化的全球社會裡，每個人都認為自己理當第一優先，完全不容妥協。當取捨就在眼前時，幾乎馬上就會引發論戰，每個人都覺得自己受創最深，即便面對諸如氣候變遷這等生存威脅，每個人都不認為必要做一些犧牲和配合，以求和遠親近鄰一起落實解決方案。試著因應氣候變遷問題的領導者要面臨諸多挑戰，不僅要考量成本，還要顧慮到每一個人看待輕重緩急的觀點大不相同。

國家主義盛行與全球缺乏共識

看看國際上有多少團體宣稱氣候變遷問題確實有急迫性，是很有建設性的行動：全世界各大城市的市長、多個聯合國機構以及幾十個全球性的科學機構和非政府組織都異口同聲。然而，不管這些團體獨力大聲疾呼還是聯合起來倡議，都沒有能力在解決氣候變遷問題上多做什麼。說到底，僅有國家政府才能制定適用的規範因應此一問題，比方說，設定會排放溫室氣體的活動限制。

二〇一六年的巴黎氣候公約針對每個國家設下了因應氣候變遷要做到的目標，正是往這個方向前進的第一步。然而，這些目標是自願性的，如果是強制性的，就不會通過了。簽署公約的國家很少致力於要達成目標，只有摩洛哥跟甘比亞做到氣溫升高的幅度不比工業化之前高攝氏一．五度以上，另有五個國家則將升溫幅度限制在攝氏二度以內。[5]（巴黎氣候公約的整體目標是讓全球均溫上升幅度「遠遠低於工業化前的水準再加攝氏二度以下」。）這七國都非溫室氣體排放大國。

要達成巴黎氣候公約設定的目標要克服兩大挑戰，兩者都和國家主義不斷壯大的趨勢有關。第一，國家間的經濟與政治關係更加緊張，引發同儕壓力，導致策略成效更低落。舉例來說，當美國和中國、法國都在進行貿易戰時，這兩國要如何說服美國不要離開巴黎氣候公約？其次，巴黎氣候公約帶有最早由十九世紀經濟學家威廉．羅伊德（William Lloyd）提出的「公地悲劇」（tragedy of the commons）要素。羅伊德主張，個人或個別群體會掠奪共有資源，為了追求私利而犧牲公益。[6]

如果氣候變遷危機能緩解，全球每個人都受惠，但是這會產生成本，因此，每一個國家都有誘因訂下低標，不貫徹目標。在國家主義興起與各國從事政治經濟競爭的時代，欺瞞、自私自利傾向與填滿自家荷包的渴望，會比各國經濟政治互相依存的期間更嚴重。在這個走極端的環境下，當各國在地的自利理由與強制性的全球氣候公約不一致，又有誰會想要簽署協定？巴西的經濟難題，讓該國的農民大有理由焚燒雨林；帶動東南亞經濟成長的原因，主要是排放碳的能源資源；美國能享有的能源獨立，基礎在於能以排放大量溫室氣體的裂解法取得便宜的石油和天然氣；澳洲、加拿大、俄羅斯和沙烏地阿拉伯仰賴石油帶動經濟，還有，中國經濟之所以能快速轉型，主要也是拜大量排碳能源系統之賜。

◎ ◎ ◎

多數嘗試正面迎擊如氣候變遷等緊急問題的領導者，都是從極度不受信任開始。在這個極端化的世界裡，還沒有開口就被另一邊視為妖魔鬼怪，或者，用比較溫和的講法，對方通常不會用友善的態度來表達不信任。沸騰的激情和惡意的用詞，再加上各式各樣抹黑污衊對手的伎倆，針對可能成為領導者的人傳播和其私生活有關的、或真或假的訊息，唯一的作用，就是在培養卓越領導人才的這一條路上布滿更多地雷。所以說，極端化最嚴重的後果除了造成領導危機之外，同時也讓人愈來愈不想成為領導者。雖然領導危機最大的重點在於現今領導人面對的挑戰，但同樣重要的問題是，誰有勇氣接下這份任務？

06 人口組成的年齡變化加速其他四種危機

初到印度，第一印象會是活力無限。街上多到眼花撩亂的車輛和動物會讓你無比驚奇，有時候，同一條街上會看到牛群和大象，腳踏車和機車、三輪計程車、汽車、卡車以及公車，但最引人注目的是紅燈時跑過來的人。當你第一次看到有著一雙深棕色憂傷眼睛、穿著破爛衣裳的女孩敲著你的車窗，請求你給點零錢，會讓你永難忘懷。她的衣裳、鞋子以及頭髮上的灰，厚到讓你訝異，引你特別留意四處飛揚的塵土，進而赫然發現你走的這條兩線道，讓車流走成了六線道。有很多二十幾歲騎著腳踏車或摩托車的年輕人迎面而來，他們看似永遠都不會停下來。在這個世界上，怎麼會有一個地方有這麼多年輕人？

日本的經驗則大不相同。如果你坐進一輛計程車，那很可能是你有生以來坐過最乾淨的車子，司機戴著白色手套，一塵不染，他們的街道潔淨、寬闊，而且看起來空無一人。如果你剛從印度來到日本，你的第一個問題會是：二十多歲的日本年輕人都到哪裡去了？如果你開車到日本鄉間，你可能會覺得自己來到鬼城；根據日本政府二〇一三年的報告，日本有八百萬棟房屋無人居住，其中將近四分之一已經廢棄，這代表這些房屋不會提供出售或出租。[1]在這些廢棄的房屋之間，有三三兩兩表情孤獨的老人家，年輕人則都移往城市去了。很多廢棄屋無法吸引到潛在買主，因為那是曾經有人自殺或「孤獨死去」的現場，後者指的是長者就地過世、很長一段時間都沒有人發現。[2]

人口組成變化加速機構制度的危機

人口組成變化在這個世界投下了一顆定時炸彈，我們不知道還有多少時間可以拆彈。全世界人口一九六〇年時僅有三十多億，現在已經成長到快八十億，而且這八十億人明顯可以分成兩個大不相同的群體：一群人在人口快速萎縮與老化的國家，另一群人則在年輕人口占大宗的國家，結果是造成典型的資源不符合需求。還有，更重要的是，人口年齡組成會加大其他危機，更添急迫性。國家內部與各國之間的貧富區隔，益發明顯。隨著高齡國家的勞動力與稅基萎縮、年輕國家的失業率攀高且動盪加劇，社會的破壞也加速。尋求機會的年輕移民在高齡人口之中引發民粹主義的火花，機構制度無能因應任何一群人的迫切需求，使得全球各地的制度正統性更見危機。

以最極端的情況來說，全球最年長與最年輕國家的年齡中位數差異超過三十歲。[3]想到兩個國家的中位數年齡居然差了三個十年，真是讓人驚駭。而且，如果大致以這個差異劃線，分站兩邊的國家數目還不算少。中位數高於四十歲的國家有五十個，中位數低於二十歲的國家有三十七個，以美國中央情報局（CIA）的《世界概況》（*World Factbook*）中涵蓋的國家來說，上述這些國家就約占三分之一。日本是第三高齡的國家，印度則是第八十六名年輕的國家，最年輕的國家很多都在非洲。義大利和希臘等歐洲國家老化的速度還比日本更快。

從最廣的國家層級來看，日本等國是高齡人口快速成長的國家，這些國家整體來說多半富裕，而富裕與生育率下降之間早有明確的相關性。這些國家依循全世界許多地方過去七十年來的經濟模式，因此享有非凡的成就，而且至今在解決問題時仍緊緊依附這樣的模式，並未就現今的挑戰重新建構思維。反之，年輕國家多半沒這麼富裕，生育率

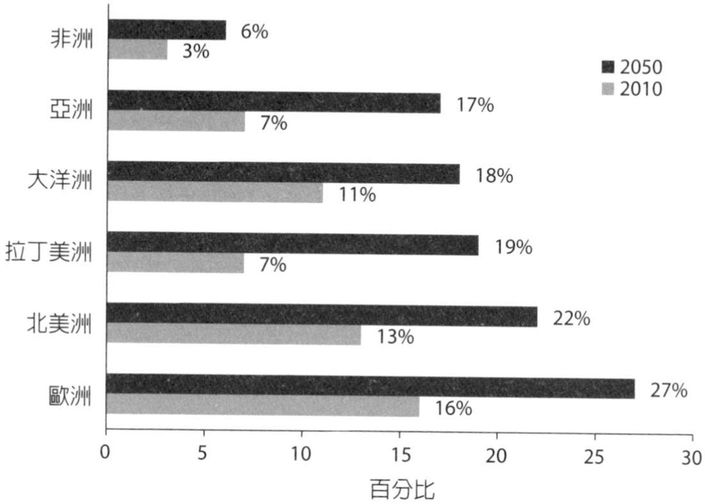

圖 6.1　各國 2010 年與 2050 年 65 歲或以上人口的占比（百分比）

附註：加勒比海各國納入拉丁美洲

資料來源：聯合國人口處世界人口展望（United Nations Population Division World Population Prospects），2012 年修訂。

通常也高得多。這些國家的領導者看到了因為年輕族群需要教育與經濟機會引發的重大風險，但是他們沒有錢也沒有系統性的願景可以應對這些危機。

即便圖 6.1 顯示了兩個看來不同的世界，但當然世界只有一個，最年輕的人口和正在老化的人口遭遇的問題，將會引發我們每一個人都要承受的災難。且讓我們來看看人口組成的年齡如何增強、放大與加速這些危機，並為高齡與年輕國家的機構制度帶來哪些不同的挑戰。

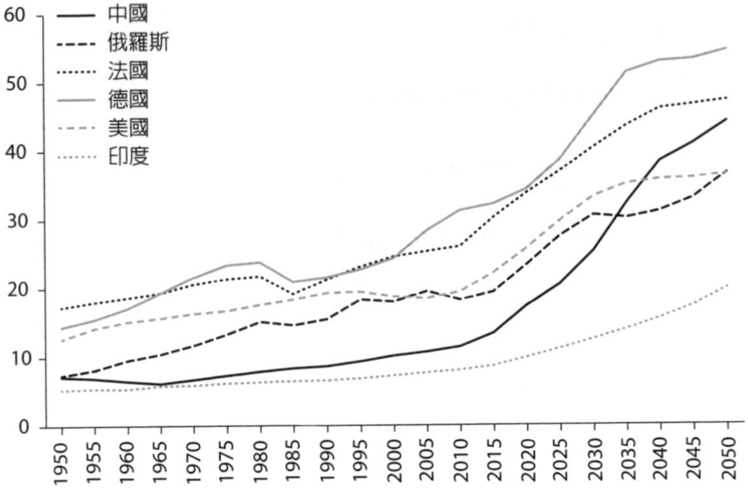

圖 6.2　1950 年至 2050 年某些已開發國家的老年人口扶養率

附註：比率指的是每 100 名 16 歲到 64 歲的人要扶養的 65 歲以上的人；以聯合國的中等出生率（UN Medium Variant）推估。

資料來源：聯合國人口處世界人口展望，2017 年修訂。

人口組成年齡變遷與財富危機

以較高齡的已開發經濟體來說，人口組成的年齡和不對稱在許多方面彼此強化，要了解這些問題有多嚴重（以及如何造成威脅、壓垮當中很多經濟體），有一個好方法是看老年人的扶養比。圖 6.2 中的每個國家中位數年齡都超過四十歲，扶養比率若為一〇〇％，代表每一個勞動人口都要扶養一個六十五歲以上的人。在二十世紀多數時候，這些已開發國家的扶養率都低於二五％，但是到了二〇三〇年就會高於三五％，日本更是超過五〇％。除非做點什麼，不然的話，這會在二〇三〇年之前替這些國家招來災禍。為何？因為這些經濟體多數仰賴的是十五歲到六十五歲這一群人提供勞力以及進行消費，消費是經濟體運作的基礎。

在此同時，這些人會為了退休而儲蓄，提撥資金到各種公私退休計畫中，也會支付稅金以支應老人服務，並且直接協助自家的年長親人。老年人口扶養率大幅攀高，代表系統被挖牆腳。六十五歲以上的人口不僅數量大增，他們的壽命也更長了。對於這些年長者來說，有太多人的個人存款不夠用，因為退休之後與通常健康狀況比較差的人生時程也拉長了。這些人曾經有功打造（或者，至少可說是曾經仰賴他們）的福利系統與社會安全網，設計之初預設了需要系統支援的人數，還有，非常重要的是，這些人需要仰賴系統的時間，然而，這些設定都與現狀大不相同。當存款與支持系統無法妥善滿足年長人口的需求，很多長者就落入貧窮或近乎貧窮的處境。

在此同時，撐起長輩的負擔落在不斷縮小的勞動人口上，結果是，為了挹注退休金與福利方案或補貼醫療保健成本，勞工要支付給系統的稅金更高；年長親屬要求提供財務援助的需求也愈來愈高，挪出資金為自己打算退休生活的能力則愈來愈低。這些經濟

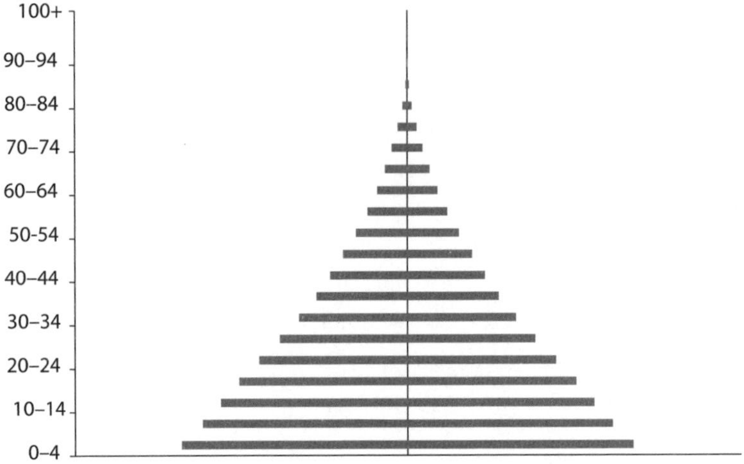

圖 6.3　撒哈拉沙漠以南非洲地區 2030 年人口年齡分布

資料來源：聯合國人口處世界人口展望，2017 年修訂。

體裡的富裕人民享受著慷慨的退休方案，擁有健全的投資組合，房地產還會升值，在政府與企業界擔任領導位置的，通常也正是這些人。他們不用面對多數人民遭遇的問題，因此不覺得這些問題有多急迫，但是不利的扶養比帶來的壓力正在推波助瀾，掏空中產階級。老年人口扶養比在可預見的未來都會繼續提高，這種向下的迴旋只會愈來愈嚴重，進一步助長貧富不均與系統失靈。

年輕人比較多的開發中經濟體又如何？如同之前所提與圖 6.3 所示，世界上許多人口最年輕的國家都在非洲。美國中央情報局二〇二〇年的《世界概況》報告指出，全世界總共有三十一個國家中位數年齡低於二十歲，[4]其中有二十八國都在非洲。根據聯合國的估計，這些非洲國家二〇一五年的總人口為八．六六億人，到了二〇三〇年預期會成長到十二．九億人，當中有二．六一億人介於十五歲到二十四歲。這表示有大量的人口需要教育或是好的就業機會。同樣根據聯合國的估計，二〇三〇年時，光是奈及利亞一個國家，就有將近五千四百萬的十五歲到二十四歲人口，肯亞則有超過一千三百萬人。前述的重大挑戰，有一部分卻是因為一個多數人都樂於聽到的好消息：非洲原本有全世界數一數二多的娃娃兵，近幾十年來人數大幅下降。

過去，這些開發中國家可能會尋求已開發經濟體的經援或貸款援助，但隨著已開發經濟體愈來愈深陷於前述人口組成年齡變化造成的問題，便更不可能提供協助了。雖然有些已開發國家認為，應該盡力協助全球經濟體符合自身利益，但是，這個問題的規模範疇極大，在最好的情況下會讓人卻步，更何況是在最糟糕時，根本難以克服。

人口組成年齡變化與制度遭受到的破壞

比較年輕的開發中國家，比方說許多的非洲國家，很可能不再有機會利用二十世紀晚期培養出中產階級的踏腳石：勞動套利（labor arbitrage）。二次大戰後發展出了一套貨真價實的全球經濟體，已開發國家裡的工業型企業發現，如果在勞動薪資較低的國家設立據點，他們可以壓低製程中最大的成本要素（勞力）。這明顯可為企業本國帶來好處，同時，這些企業給了當地的勞工學習與複製的機會，因此也為年輕的開發中國家提供重要的就業資源。台灣與南韓就是其中的兩個範例，他們走上「世界工廠」的策略，藉此富裕了起來。然而，隨著人工智慧與機器人橫掃多數已開發國家的製造業，這條培養出中產階級的康莊大道很可能已經消失了，使得之前提過的非洲各國以及印尼等人口眾多的年輕國家，在年輕人口成長更需要機會之時選項卻更少了。

此外，已經在海外為已開發國家提供勞力、經濟大有進展的地區，也可看到這些產業裡的職缺不斷減少。舉例來說，如果要看看印度獲利豐厚的資訊產業外包業務裡哪些人受到的衝擊最大，肯定會是最無技能的人，因為他們最無法找到其他工作。在接下來的十年，我們將會看到機器人也搶走了部分技術性勞工的工作。

如果說科技破壞了全世界的商業模式和產業，那麼，人口組成年齡變動也有同樣的威力，干擾了制度、基礎建設和社會慣例。開發中經濟體的教育系統，即便只是面對一小部分的人，都要很努力才能在就業準備這件事上有一些明顯的成果，娃娃兵減少再加上極度貧窮的情況有所緩解，年輕人口大增，如今變成海嘯，眼看就要吞噬所到之處的一切。即便是一直以來已經很努力提高人民讀寫能力的國家，也都要很辛苦才能跟上人口的成長。印尼是全世界人口第四多的國家，中位數年齡約三十歲左右，他們有十二年的義務教育，但是多數人民都是功能性文盲（functionally illiterate）。印度很快將成為地球上人口最多的國家，相信該國需要在二〇三〇年前設立超過五十萬所新學校。[5]從這一點就很容易看出來，正在壯大的年輕人口需要的基礎建設成本極高。在整個開發中世界，年輕人正大量湧進城市，然而這些地方在規劃時，設定的居住人口並沒有這麼多，無法滿足這些需求的結果就是失業率高、經濟成長率低、社會動盪不安，以及愈來愈多人出走，尤其是最出色、最聰明的那群人。

在較高齡的已開發國家，年齡問題也同樣具破壞力，但是方式不同。首先，職場的自動化又削弱了勞動人口負擔年長者的能力。資誠估計，在未來十五年，已開發國家目前的工作中約有二〇%到四〇%會因為自動化而陷入危機。當然，期間也會創造出新工作，但最大的問題是，因為機器人和人工智慧而失業的人是否具備適當的技能，能從事新的職務？無論如何，都會導致大量失業，被自動化取代的人會發現自己要和愈來愈多的年長者競逐社會安全網金援，而在此同時，由於稅基減縮，稅收資金也面臨更大的壓力。高齡化的國家稅基也跟著老化，國家更難擠出資金從事基礎建設投資，但很多時候，這些國家急須基礎建設；包括美國在內的很多已開發國家，都要面對建於過去、目前正在頹圮的城市、道路和橋樑。美國外交關係協會（Council on Foreign Relations）指出，據美國土木工程師學會（American Society of Civil Engineers）估計，美國的基礎建設落差在二〇二五年前，將達到一．五兆美元。[6]

在此同時，許多較高齡國家的醫療保健體系為了照護愈來愈多的退休人士，已經搖搖欲墜。整個已開發世界的人均醫療保健成本都不斷飆高；如果以美國的購買力平價指數換算後的美元計價，經濟合作與發展組織裡前十大會員國的醫療保健成本在過去二十年成長了超過一六〇%。[7]這些國家的醫療保健產業不斷成長，當然是一大就業來源，填補了其他地方被自動化取代的工作，但是薪資通常低於工廠裡面能賺到的報酬。

◯ ◯ ◯

顯然，本書第一部列出的種種挑戰極為艱鉅，看來根本勢不可擋，難以順利管控。如果我們想要跟隨二戰之後帶著世界向前走的領導人，直接複製他們的解決方法拿來應用，必然只能眼睜睜地看著問題惡化進而引發不可逆的傷害，或者，更糟糕的情況下還可能推波助瀾。比較好的方法（而同時也是必要的作法），是從曾經大大成功的模型提取基本概念加以改造，以修正其中不為人樂見的結果。探索新解決方案是本書第二部要做的事。

第二部

扭轉危機

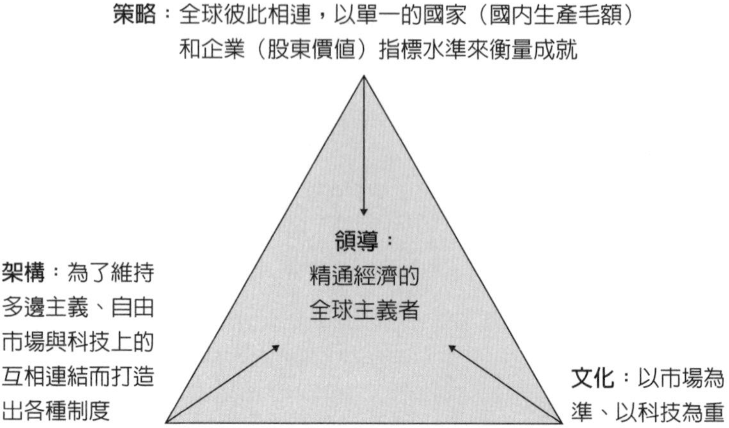
策略：全球彼此相連，以單一的國家（國內生產毛額）
和企業（股東價值）指標水準來衡量成就
領導：
精通經濟的
全球主義者
架構：為了維持
多邊主義、自由
市場與科技上的
互相連結而打造
出各種制度
文化：以市場為
準、以科技為重

圖 P2.1　帶動二次大戰後 70 年成就的全球共通調整模型

資料來源：作者群繪製。

我在這本書中的簡介部分列出了「ADAPT」架構下各種危機背後的理由，而且用了整個第一部的篇幅去檢驗。二次大戰後有一套廣受認可的模型，導引全球復甦並幾乎讓每個地方都跨入可觀成長的時代（見圖 P2.1），但如今已經不適合用來達成相同的目的。雖然這套模型曾是一股正面力量，但如今正在顯露黑暗面。

確定的是，這套模式以及支撐起模式的各種機構制度，以前所未有的方式連結了全世界，創造出非凡的經濟成長，讓很多人脫離貧窮。然而，隨著世界變化，由於我們沒有大幅重新評估並抑制當中最無效且會造成傷害的意外後果，這套方法反而製造出嚴重的貧富不均，迎來一個贏家全拿的世界，引發工作消失的風險，削弱社群與社會的默契，讓人們遠離彼此，創造出一個無法永續維持環境的模式。人們七十餘年來太相信這套模式的世界觀，直接導致「ADAPT」的問題以及衍生的危機。

為了緩解這套模式衍生的負面影響，有很多人提出激進的解決方案，比方說：完全拆解模式、徹底消滅資本主義、樹立起障礙並遏制貿易，或者用全新的架構取代企業、市場與機構。這些想法整體來說都未經過深思熟慮，有很多因素會導致採行這類構想成為有勇無謀之舉，最有說服力的是二戰後改變世界的模型中，仍有持續創造成功的必備要素，我們需要做的，是重新省思當中很多交錯相連的部分，重新評估並修正此模式的每個面向，以期更能反映與因應現今的條件與需求。第二部的目標是要說明這套新的模型以及達成目標的變革過程可能會是如何（見圖P2.2）。

修正過後的模型和其前身包含的元素相同，但是已經重新思考過這些有個別性卻又彼此交織的元素，在第七章到第十章中會有深度探討；這幾章也將提出解決方案，以助創造出一個更平等、更包容、更繁榮的世界。有些解決方案是從辯證當中得出，但多半是透過檢視充滿創意、足智多謀者的作為彙整得出；這些人一馬當先提出創新的構想與

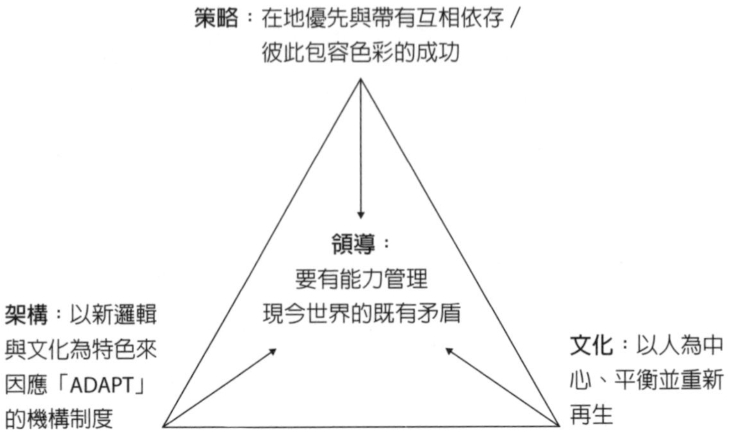
策略：在地優先與帶有互相依存／
彼此包容色彩的成功
領導：
要有能力管理
現今世界的既有矛盾
架構：以新邏輯
與文化為特色來
因應「ADAPT」
的機構制度
文化：以人為中
心、平衡並重新
再生

圖 P2.2　21 世紀適用的模型

資料來源：作者群繪製。

方案，瞄準本書之前所指的各個問題。這幾章可視為一個單位，指出我們有必要重新檢討過去帶動發展的核心假設，然後重新設想機構制度與共通的文化，以支撐起新的概念。

第七章：策略：重新思考經濟成長——在地優先

第八章：策略：重新設想成就——在崩壞的世界裡欣欣向榮

第九章：架構：修復失靈的體制——穩定基礎

第十章：文化：重新整理科技——創新是一種社會公益

問題是，重塑思維、制度與共同文化要耗費很多時間。我們找出來的危機有急迫性，規模和範疇都極為廣大，我們沒有這麼多時間。我們在展開重構制度、經濟模式和共同文化的痛苦歷程之時，也要帶著勇氣奮力投入，迎擊需要立即關注的危機。這麼做，我們就可以開始轉用一套新的全球性行動模式，將會更接近重塑行動想要達成的成果。隨著世界更加瞬息萬變，我們必須學會如何永續不斷地做下去，持續讓最重要的制度和組織擁有新氣象，永遠和人民息息相關。我們需要借用最嚴重困境帶出的急迫感，更快速創造出令人渴望的未來。這些危機是什麼以及我們要如何挑起扭轉危機的重責大任，是第十一章〈規模大且速度快——迫切的問題〉要談論的主題。

要達成所有目標，我們需要新類型的領導人。才思敏捷能務實地重新思考策略與戰術、設立更永續高效的機構制度、改造人們用來互動交流的功能不彰動態機制，並以永續色彩更濃厚且適合新現實的世界觀來處理全世界的問題並帶動變革。在應付這一長串的任務時，領導者會發現自己必須撥雲見日，從顯然互相矛盾的政治、社會、文化與策略壓力和偏見中走出來。我找到他們在創造更美好未來時，必須調和的六大領導上的矛盾，這些是第十二章〈領導：重新建構影響力——平衡各種矛盾〉的主題。

本書瞄準的對象有一部分是企業、大小政府、機構和非政府組織的領導者，但也是為了每個人而寫的書。攤在我們眼前的問題太重大也太重要，不容任何人視而不見、置身事外不為解決問題貢獻一己心力。我們需要做的，有些是要改變自己的行為，有些是要用新的方式思考，有些則仰賴認真地採取新作為，再加上更多的想像力與創造力。

這其實是最有趣的那一部分。過去我們打造這個世界時，所創下的非凡偉大成就，提高許多人的社會與經濟條件，現在需要用獨創、願景、創新、活力、聚焦、全新紀律以及大量的同理心來修復世界，讓每個人都受益。人類就是為此而生。

07

策略：重新思考經濟成長

在地優先

以近幾十年（也就是全球化最輝煌之時）的情況而言，可以用很簡單的說法乾淨俐落地描述全球的經濟發展動能。有些過去辛辛苦苦而且通常孤立發展的國家，他們陷於貧窮，有大量的人口需要第一份薪資相對合理的工作，這些國家為已開發國家裡的企業提供了好到難以抗拒的資源。就在這樣的安排布局之下，日本、韓國、中國以及其他所謂亞洲四小龍的國家提供的前景，是廉價勞工加上少有職場規範與環保規定，換取的是成為世界的製造工廠或是後勤辦公室，這樣下來兩邊都會是贏家，至少理論上如此。隨著國內生產毛額大幅提高，新興國家的中產階級不斷壯大到幾億人。居主導地位的經濟體企業利潤大增、出口市場擴張，那裡的消費者享受著低成本的商品，技術性高的勞工也可以隨心所欲挑選有吸引力的工作。

然而，約在過去十年，原本井然有序的運作公式開始鬆掉，情況很嚴重，導致對於已經爬上發展天梯或者正嘗試攀上下方梯級的國家來說，全球化模式不再是可靠的經濟發展架構。主要的轉變，是因為將勞務外包給中國、日本和韓國，並消費他們所生產商品的國家，正慢慢在這條路上踩下煞車，透過公開與政治施壓，鼓勵本國企業撤回製造與服務，以支撐母國經濟。

在此同時，由於各地政府抱持的民粹主義，在打造全球供應鏈上添加了層層的風險與難題，跨國企業也開始精簡，足跡不再廣泛遍布國際、深入低薪的國家。還有，勞動套利也不像過去那麼重要了。競爭的重點已經不再是其他國家的平價勞動力，反而愈來愈放在建置更便宜、更聰明、且能力更好的機器人和人工智慧工具與程式上。

全球化造成了損害，讓新的經濟發展模式有興起的空間。我認為，要填補此一空缺最適當的選項，是所謂的在地優先（Local First）策略，這是指能自行維持並自我克制，同時持續改進在地經濟生態系統。我們之所以選擇在地優先策略來改進大家習以為常的國際主義架構，最強力的理由是我們觀察到雖然全球化看來讓每個人都受惠，事實上並不然。當然，隨著企業賺得利潤、營運效率提升，全球的中產階級確實大幅擴張，多數製成品的價格也在受控範圍內，並有更多人得以參與個人科技與傳播革命。然而，這些好的面向（尤其是以國內生產毛額的成長來看）掩蓋了全球化讓世界逐步癱瘓的負面效應。

其一，在就業市場裡不斷向下掉的人（每個國家都有很多人無法再與人競爭）是隱形的，這些是很大量的低度就業人口，當全球化停下腳步，他們更是愈跌愈深。從比較整體的層面來說，國內生產毛額的數字大致上證明了全球繁榮，但有一大部分的就業人口面對的是多年的收入停滯甚至下滑。以國內生產毛額為形式的成績也掩蓋了一些無形因素，例如環境惡化、很多工作並未提供福利且不穩定，以及某些社區的生活品質下降。

我和同事科倫．凱利（Colm Kelly）二〇一七年時合著了一篇文章，探討全球化黑暗面的主要元素，我們在文中特別提到很憂心企業利益和社會進步已經不再同步，再也不能放在一起衡量或討論了。[1]我們點出這是一種相對新鮮的現象。在全球化蔚為主流之前、甚至是最早期階段之時，企業的成敗和其營運的社區或社會榮枯緊緊相繫。就算企業有一部分的成績是來自於區外銷售，但創造出來的資本主要會留在員工以及許多顧客所在之地。想一想亞當・史密斯（Adam Smith）一七七六年撰寫《國富論》（*Wealth of Nations*）時身處的世界：如果企業領袖不管自家員工的需求，星期天上教堂時就會受到譴責，在當地的城鎮集會上也會遭到排擠，他們會因為慚愧而把利潤再度投資到營運的地方以及相關人員身上。

從亨利・福特（Henry Ford）、安德魯・卡內基（Andrew Carnegie）、華納・馮・西門子（Warner von Siemens）、豐田喜一郎（Kiichiro Toyoda）到賈姆希德吉・塔塔（Jamsetji Tata）這些最終創造出大型事業帝國的大企業家，某種程度上都是從在地起家，就算他們的市場愈來愈大、愈來愈遠，也都和在地社區維持密切關係。中小企業對於所在地的經濟發展來說，格外重要。確實，我們可以說，沒有中小企業在一個接一個小地區帶動就業機會增加與創新，德國、英國與美國等國家絕對無法在全球市場上享有如今的領導地位。

跨國企業興起，並在全球化推助之下達到巔峰，愈來愈多資源集中在這些組織手上，而他們並不認為自己有道德上必須加以保護與維持的「家鄉」。他們的就業大軍無處不在，他們對於總部所在地社區的忠誠度，僅限於他們可以爭取的最佳稅務與激勵誘因。我和凱利觀察到，很少有人認同自己有責任創造公益與支持在地發展。

事實上，很多全球化導向的企業不僅無法為他們經營業務的社區提供具體的益處，甚至還扮演惹麻煩的角色，讓「ADAPT」裡的元素（主要是不對稱性、科技破壞和機構制度遭到不信任）更加惡化。我和凱利寫作時，寫到了亟需建立在地優先方案以發展經濟：「我們要投入更多精力來創造富庶的社區，要盡力找出在地層級的人民需求並善加管理。城市、鄉鎮與村莊是社會進步與經濟成就最自然的匯聚點，我們需要營造條件讓這些社區能繁榮富庶，而企業則是生態體系中的一個關鍵部分。」[2]

當然，這不代表選擇身為全球性的競爭者就是一套全盤皆輸的策略。巴塞隆納、莫斯科或紐約等國際大城，得天獨厚擁有大量的受過教育勞工、卓越的大學、深度的投資管道、全球性的基礎建設以及支持企業發展的政府，具備優勢地位，這些社區裡的人民與文化可以因為多方面的全球化而享有利益。但中級城市沒有機會在這些大型城市擅長的賽局上打贏對方，必須開始更有意識地察覺自己的經濟發展策略，比起過去幾十年，要更向內觀照。事實上，當大型城市利用現有的競爭優勢吸納全球資源時，會把更多的關注、投資和人力資源從國內的小城市拉走，往往毀了這些地方。

如果要拿出一張藍圖，讓大家看看在地的經濟發展方案是什麼模樣（但明顯的社會與文化差距基本上一定會讓每個方案各有不同），亞美尼亞有一套方案很值得參考，亦是很適合的起點。

在地優先的模式

魯本・瓦丹揚（Ruben Vardanyan）是一位生於亞美尼亞的慈善家、創業家兼投資銀行家，他和維若妮卡・宋娜本（Veronika Zonabend）、努巴・阿費揚（Noubar Afeyan）、皮耶・戈德吉安（Pierre Gurdjian）和阿曼・吉拉維恩（Arman Jilavian）等人聯手，在亞美尼亞各地發起各項在地導向專案，其目的就像瓦丹揚說的：「要打造美好之地，培養樂觀蓬勃的人們，並帶動向上提升的價值觀，因此，我們在社會與經濟發展、教育領導以及人文價值方面所做的工作非常重要。」圖 7.1 可說是最適合用來呈現瓦丹揚所做之事的精華，這是我和我的團隊偕同瓦丹揚的慈善機構亞美尼亞發展倡議行動（Initiatives for Development of Armenia，簡稱 IDeA）一起彙整的。

這套模式最適用的地區有個前提，就是必須要有具體明確的共同過去：有一套當地

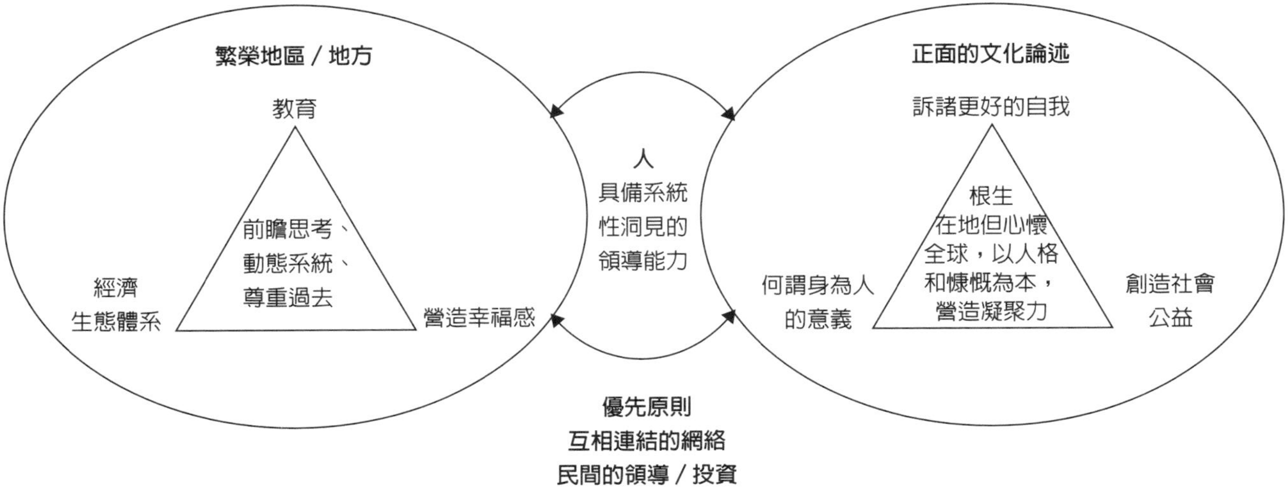

圖 7.1　讓在地動起來

資料來源：作者群根據亞美尼亞發展倡議行動的資料繪製。

人民都樂於擁抱的核心傳統，也可以加以現代化，孕育出能變革與成長的環境。圖中的每一個要項中都包含一套應立即處理的元素，綜合起來就構成一套在地發展系統。圖的左方瞄準的是一個地方的實體、制度與經濟基礎建設，需要的是替未來培養人才的全方位教育，一套能透過創業活動帶動創造就業機會的自我更新經濟生態系統，以及各種提升最廣義幸福感的方案，包括醫療保健、休閒活動、環保、正義感、透明度和公平（即種種能讓人們會把一個地方當成家的因素）。

圖的右邊聚焦在發展正面的文化論述，其基礎是共同的認同感，並掌握在地的理性、靈性與感性。這裡的重點是要讚頌當地獨有的特質和成就，但也不逃避一個並不繁榮的地方很可能出現的負面論述，有需要把對於一地歷史或經濟社會的悲嘆轉化為希望與正向的復興再生。這兩邊由中心的橋樑連起來，這是一座由人構成的橋樑，要落實兩邊的構想必須要有廣泛的人才基礎。這些人具備少見的能力，他們能理解系統如何運作、如何互相連結，能帶動與刺激系統內部與各系統之間的變革。這些人必須具備想像力，即便在現有限制之下也可預見本地能有哪些機會。

為了說明這套模式如何運作，且讓我們來看看亞美尼亞發展倡議行動中一項名為

「塔特夫再生」（Tatev Revival）的團隊專案。[3]此專案的核心，是要修復塔特夫修道院（Tatev Monastery），這個地方中世紀時，是亞美尼亞南部的宗教、文化與學習中心。這是一項大工程，因為塔特夫周圍的建築物大部分已經年久失修，幾世紀都無人聞問。在重建期間，以大學教育為招牌，再度把重點放在修道院的社交中心角色，以期吸引有意研習人文、宗教研究或科學的學生，然後將在地社區納入其中。

這麼一來，就多方抬高了塔特夫社區的地位。社會科學與其他領域的研究人員相繼搬進此地，研究封建時代的狀況與習俗；由幾十位當地兒童組成的塔特夫修道院兒童合唱團，在亞美尼亞各地表演且贏得好評；當地學校紛紛重建；地區的第一批環保專案也開始進行。在這套再生專案之前，塔特夫是一個被遺忘的地區，一點又一點向下沉，與現代和繁榮的距離愈來愈遠，大部分觀光客都沒聽過這裡，如今，這裡是一處開放、外向而且具有經濟優勢地位的地區，透過「特塔夫再生計畫」當中的路面軌道電車建設專案，和周邊的大世界搭上線，原本要來修道院，需要在曲曲折折的道路上行駛一小時，現在變成極短的行程，只要花十二分鐘就可穿越塔特夫地區的山區峽谷地形。專案中的這些要素如圖 7.1 右方所示：這就是正面的文化論述。

地區的教育機會以及修道院本身的進步，再加上以塔特夫再生專案為中心逐漸演變的經濟生態系統不斷成長，體現了圖左。管理經營路面軌道電車系統創造出許多優質工作，也帶動了超過二十家的民宿與Airbnb、餐廳和咖啡店陸續開幕。此外，創業家也蜂擁進入這個地區，來爭取亞美尼亞發展倡議行動的相關業務或是進行相關法律諮詢，並替當地社區和觀光客提供了大量的小型服務，包括醫療保健與休閒等追求福祉的活動。亞美尼亞發展倡議行動為這個專案帶來大量經濟機會與領導力，有許多人參與其中，也就是圖中心的那一群人。

塔特夫專案有一個很重要的面向不應忽略（因為這對於在地優先模式來說很重要），那就是最有效的第一步，通常是要先找到一項中心專案，從中帶出更大的經濟發展生態體系，並培養出社區凝聚力。以塔特夫來說，這項中心專案是路面軌道電車，其名恰如其分，叫做「塔特夫之翼」（Wings of Tatev），這是一條通道，供人們和現代化「飛進」這個已經被遺忘在時光中的地區，營造出一種氛圍，以過去廣泛成功的傳統為基石，打造成長與改革。

我們檢視瓦丹揚的在地優先模式實務上如何運作後，精確指出四項成功必備原則：

1. 沒有耐性的人不適合打造在地經濟體，這需要專注、準備和時間，而且，這也不是便宜的提案。瓦丹揚和團隊以二十年的時間架構來看他們的各項專案。

2. 在地優先專案的外部投資人必須要以身作則，證明他們在乎自己投資的社區。

3. 要開始進行任何在地優先專案時，必須要先確實理解是哪些因素讓當地獨一無二，以及有哪些根本的正面或負面論述可以作為專案的根基。無法永續經營的在地歷史、社會慣例與文化，不能成為創新的基礎。諸如亞美尼亞種族滅絕等負面論述（亞美尼亞發展倡議行動透過曙光人文倡議行動〔Aurora Humanitarian Initiative〕來因應這個問題），不應視而不見；如果忽略，很可能變成私下的耳語造成失敗，繼續加重社區的負擔，繼而無法提升並團結社區。[4]

4. 在地優先的想法必須具備先驅性，借用過去，但要因應社區現今的需求並走入未來。

我的第二家鄉：北卡羅來納杜倫市

雖然通常少有人認為在地優先的專案也可以拯救已開發國家裡的社區，但確實如此，只是有時候這類行動改稱為城市縉紳化（gentrification），有時則名為都市更新，這類計畫能讓很多地區如鳳凰浴火重生，在多方面展現出色成績，就讓我們以美國北卡羅來納杜倫市（Durham, North Carolina）為例。約在三十八年前，我和妻子剛剛成為教授時就來到杜倫市，這座擁有十六萬二千居民的城市只有一家真正的旅館、一家酒吧、已經人去樓空的市中心，以及被覆蓋起來、還用刺鋼絲網圍住的菸草倉庫。這裡也有一套因為劃分選區不公衍生出來的教育系統，有錢人家的孩子（大部分是白人）可以去讀不錯的郡立學校，比較窮的孩子則去念功能不彰的市立學校。杜倫市曾經是一個繁榮的黑人商業與文化地區，是美國非裔企業人均數最高的地方，但等到我們來到此地，這裡已經鋪上柏油路面，要挪出空間來造一條高速公路。我還記得曾和一位都市更新專家談過，對方認為杜倫市絕對不可能再度成為人們想要在這裡生活的城市。

有三個不太可能湊在一起的人，合力證明他錯了，這三人組是：吉姆．古德孟（Jim Goodmon），他是北卡羅來納最富有的商人之一，也是國會大廈廣播公司（Capitol

Broadcasting Company）的業主，是知名且備受尊重的地區電視台業主，也擁有因為電影《百萬金臂》（*Bull Durham*）而出名的 3A 小聯盟（Triple-A minor league）棒球杜倫公牛隊（Durham Bulls）；比爾．貝爾（Bill Bell），他在二〇〇一年當選市長，是杜倫市第二位非裔美國人市長，也是此地資歷最深的高階官員；還有一位是托曼．綽斯克（Tallman Trask），他是杜克大學的執行副校長，負責多項校務，其中包括大學的房地產相關事宜。他們組成團隊，一起推動在二〇〇〇年代最初十年進行、重寫杜倫市發展軌跡的營造專案，在此之前，城市裡已經有很多投資案，但多數都是靠近杜克大學所在的市中心以西，或是接近新興三角研究園區（Research Triangle Park）所在的城市最南端。問題是，如果這些投資繼續侷限在西區或南區等比較高級的地區，杜倫市的城市核心絕對無法重新活化。

古德孟、貝爾和綽斯克看到過去大家都沒看到的部分，即這個位在市中心南緣的頹圮之地事實上充滿潛力，此地原本是杜克家族（Duke family）菸草事業的大本營。杜克家族擁有的老牌美國菸草公司（American Tobacco Company）尚未被布朗與威廉森菸草公司（Brown and Williamson）收購之前已經走下坡，占地十五英畝（約一萬八千三百六十三坪）的園區裡有超過十二棟的建築物，幾年前已經遮起來了。十英尺的刺鋼絲網圍住了廠區，除了毒販之外，沒有人敢進去。園區隔壁有一塊空地、一家汽車經銷商、杜倫市唯一的旅館（現在已經快要撐不住了），以及更多的空蕩蕩倉庫。古德孟、貝爾和綽斯克覺得，如果他們可以扭轉這個地區，或有可能與西區的發展搭上線，並讓市中心回復生氣。

這三人將他們的再生方案連上了杜倫市歷史中的兩項重要因素，兩者都可視為見證這座城市正在走下坡的證據：菸草工廠和杜倫公牛隊。這些重點專案類似「塔特夫之翼」，可以成為杜倫市復興的跳板。約在二〇〇〇年時，古德孟自掏腰包，買下美國菸草公司的園區，以這裡作為起點，重新打造這個地方成為多用途場所，包含辦公空間、研究中心、餐廳、適合散步或坐下來好好聊天的地方以及娛樂場所。綽斯克減輕古德孟在財務上的風險，預先租下大量園區空間，當作杜克大學行政部門搬遷後的據點，也鼓勵郡內其他雇主跟著他一起。貝爾保證市政府會成為這項行動的後盾，完工時大張旗鼓宣告，也減少了繁瑣的公文往來流程，還鼓動市民支持。在古德孟決定要將菸草工廠轉型之前，國會大廈廣播公司幾年前已經先行買下與美國菸草公司廠址接壤的土地，這裡蓋起了一棟現代化的杜倫市小牛隊體育館，取代了城市北區一處搖搖欲墜、幾乎不堪使用的建築物。

這些營造專案改變了杜倫市。一時之間，市中心又成為大家想要投資的地點。杜克大學校園與充滿活力的新區距離約二英里，這段路有更多餐廳進駐，靠近大學又酷又平價的空間也吸引了創業家進駐，還有新的開發商，以及想在充滿時髦特色且有很多資源的地方生活與養兒育女的年輕專業人士。早期進駐此地的企業主和餐廳業主很多都是移民，為杜倫市帶來超越過去，更豐富多元的文化和包容性。為了因應正在變化中的地理型態，郡行政長官和杜倫市的教育委員會聯手，整合兩套學校系統。一度被嘲弄的菸草工廠和杜倫公牛隊，再度得到城市居民帶著驕傲的讚頌。當然，這裡還有很多事要做，但如今的杜倫市是一個讓人想住進來的繁榮多元城市，是一個建立人生、家庭和事業的地方。此地早已脫胎換骨，不再是孩子的朋友們不願意前來、而且沒什麼看頭的可怕城市了。

在地創業家：必要元素

本章探討了兩項投入大量資源的極大型在地優先方案，然而，在地優先的經濟發展不一定要像範例這麼恢弘，確實，這可以從比較小型的作為開始進行，但是從許多方面來看仍能達成同樣重要的成果。我在二〇一八年十二月的融雪創業大會（Slush）上看到兩項很出色的在地優先行動，就是這類小而美的方案。融雪創業大會是全球一流的新創與科技大會，重點之一是一項競賽，廣邀發展出能滿足社會需求企業的創業者，向與會人士推銷他們的想法。二〇一八年時，我是評審之一，見到了兩位讓人難以忘懷的優勝者，這兩位都來自尚比亞，他們提出的都是在地優先專案，那就是穆莎拉瑪·萬莎（Muzalema Mwanza）的安心為母聯盟（Safe Motherhood Alliance）和緯勒·岡瓦（Mwila Kangwa）的農業預測（Agripredict）。

萬莎說，她自己懷孕時也「親身經歷過農村地區孕婦面對的某些挑戰」。其一，對尚比亞農村的多數母親來說，去診所的費用太貴，她們付不起，只能在家自行分娩，通常環境很惡劣。還有，就算有診斷工具可用，通常只有一些很基本的東西，而且分娩時也沒有真正了解如何操作工具或清楚分娩過程應如何進行的人員協助。受過工程師教育、如今成為社會創業家的萬莎，想出一個直接了當的解決方案：提供一套包含所有必要材料的衛生包來協助分娩過程，再加上一套訓練當地婦女使用這套設備的計畫，以利在家也可以在乾淨的環境下順產。為了管控品質同時壓低成本，她在當地取得素材與製造衛生包，這樣一來，她就能以便宜的二十五歐元來提供第一批產品。

萬莎後來把安心為母聯盟擴大，設計出一系列有助於產婦和新生兒健康的低成本診療工具，可以在行動診所與小型醫院使用，透過智慧型手機搭配杜勒超音波判讀機等科技使用。她認為，她透過安心為母聯盟的作為，是鼓勵即便在最小的社區也能發展出草根性的醫療保健，藉以帶動經濟發展，她最終的目的是要擴大業務，將觸角擴及尚比亞幾乎每一座村莊，讓他們彼此相連、共享創新與專業，長期下來，則要把她的成果引進非洲各地，以及其他面臨類似挑戰的地區。

另一位尚比亞的創業家是緯勒．岡瓦，他是農業預測公司的創辦人。岡瓦是一位說起話來輕聲細語的工程師，他的重點直接放在經濟系統為何會讓成千上萬的尚比亞農民失望；他們很多人一季接著一季種下去，卻只能勉強維生。尚比亞政府並未採行適當的經濟模式，努力確保農民就算欠收還是能一年一年好好活下去，反而多數時候是不管農民的苦境。這樣一來，只要發生病蟲害，事態就會很嚴重，農民得全家挨餓或失去土地。多數尚比亞的農民都沒有可用工具，無法事先發現作物長得不好，更別說先緩解問題，只能拖到嚴重到根本無法處理。

岡瓦的解決方案是設計出一套以智慧型手機運作的程式，農民可以發送致病作物的照片給農業預測公司，然後就會收到病蟲害診斷、處置選項，也知道哪裡有可以提供必要用品以緩解問題的商家。農業預測公司很火熱，短短一年就有超過二萬二千名尚比亞農民加入服務。岡瓦計畫借重這項產品的成功來開發其他程式，幫助在地農民發展出更有效率的耕種方法，拓展他們種植的作物類型，為他們收穫的農產品增添價值，這樣一來，就能大幅改善他們的經濟條件，不再僅是餬口而已。病蟲害孳生和乾旱對於農業發展的影響，衝擊到的是國家層級和地區層級的食物穩定，但小農沒有工具來緩和或預防這些疾病，也無能預測天候狀況（多半只能仰賴自然的季節條件）。此外，目前傳播資訊的方法價格高、速度慢，還常常不見成效。控制農業病蟲害，對於可永續的農業發展而言十分重要。

○○○

全球成千上萬創業家所做的各項努力，就是以這類在地優先的做法為正字標記，他們奮力根據在地問題設計在地解決方案，然後再回過頭來發展出充滿活力的在地經濟。綜合起來，這些行動親身體現了一套模式，幾乎每一個重要的面向都和二十世紀晚期廣大的全球工業供應鏈大相逕庭。當然，工業跨國主義並未消亡，只不過再也不是許多在地經濟發展的答案。確實，多數至今未享受過經濟益處或被遺落的村莊、城鎮和都市，需要找到方法創造出以在地動人故事為主軸、充滿活力且繁榮興盛的經濟、教育和文化系統，為這些地方要負責照顧的幾十億人民提供機會。

眼見在地優先的概念興起，我抱持一定的樂觀，相信全世界最弱勢之地的人們可以憑藉著各種巧妙智慧，找到因應挑戰的創新答案。此外，如果這些在地創業家可以仰賴已開發經濟體在組織、營運和設計專業方面的資源，以及民間企業和慈善家的財務資助，速度會更快。讓人比較失望的，可能是我們會痛苦地發現「一潮漲，眾船高」這種事並不如想像中的那樣自然而然。如今，比較適當的觀點，是將在地優先這條小溪裡的水流當成最可靠的前導，相信它在日後終將匯聚成在地發展的經濟大瀑布。

08 策略：重新定義成果

在崩壞的世界裡欣欣向榮

第七章談到，以在地倡議行動因應迫切危機大有價值，也呈現了這些作法的成效高於全球性、全國性甚至跨國性的行動。這主要是因為我們相信要快速且高效因應眼前的難題，草根性、創業性、公私部門合作、定向性以及中小型群體創新極為重要，這很可能就是大部分的解決方案。單方面的突破，比方說以個別的行動在小地區醞釀經濟機會、藉此減緩不對稱問題，設立新的機構制度直接因應在地人民的需要、然後進一步推廣行動目標，以及建置能改善人民生活的科技等等，將能催生出生態系統以及夥伴關係，在其他地方複製類似的成就，放大資源、知識與概念。

但這些都不代表國家就因此無須承擔該承擔的重責大任：要設法改變我們現在所走

的這條充滿不安的發展之路。確實，廣泛的全國性政策有其必要，有了這些才能緩解危機中某些最根深蒂固的面向。這些政策包括調整稅務規範，讓富人與不那麼富有者的稅務貢獻度更平衡；修正國內移民規定，培養出更多元的對待移民觀點；建構保障機制，保護人民隱私免遭科技入侵；制定就業方案，讓下一代勞工做好準備，善用人工智慧帶來的智慧而不被其打敗；以及，擬定必要的因應氣候變遷政策，以便降低溫室氣體排放量。

唯有全國性的政府才管得到這些領域，才能提出大格局的政策以改善人民的生活，這些政策之後可以成為在地與創業方案的跳板與支持系統。確實，撇開其他不談，中央政府本來就應該考慮推動大型政策倡議，以確保自己能生存下去：幾乎每一個國家的人民都非常不信任統治階級，國家級的政府必須趕快證明他們可以提供良好的政治社會環境，創造更好的未來，讓境內的人民都富庶安康。

雖然國家層級治理機構的地位很重要，但很可惜，在全世界，大多數國家層級的討論都證明了少有政府做好準備或有能力因應本書點出的危機。基本上，他們嘗試尋找解決方案時，缺少了意志力或想像力，反映出的就是一個分崩離析的世界，用上一個世紀過時的概念做預測（其中很多概念分明就是今日全球問題最根本的源頭），先入為主想的都是要如何讓慣於走極端的人滿意，而不是尋求共同的未來。這不是通往成功的路；想要順利走出目前難解的全球困境，每個國家都要提出明確的政策，用能創造正面包容環境的態度來應對「ADAPT」衍生出的危機。國家不應用狹隘的指標（最主要的就是國內生產毛額，這個指標無法區分在國內生活人民的個別經濟與社會條件）來衡量成就，評量自身時，應該考量人民享有的生活品質與公益，以及社會的包容度，或者，換句話說，要知道有多少人被拋下了。

在現今的國際環境中，通常看不見把策略放在我們稱之為互相依存、廣納包容的成就上，但這是所有國家都可採用的作法，包括那些看來最不可能做到的國家。做得最好、最讓人意外的範例可能要算是英國，即便已經脫歐，但英國仍有絕佳地位，藉由拉抬國內所有居民的前景，在分裂的世界裡成為帶動全球互相依存的存在。事實上，脫歐之後，英國除了扮演這樣的啟動者角色之外，少有其他選項。

英國之所以有機會發揮有益的影響力，正是因為這個國家並非競求影響力的四大制定規則者或地緣政治領頭者；我們在第二章中已經談過這四個地區，分別是中國、歐盟、俄羅斯和美國。這個世界正以更快的速度分裂，圍繞著規則制定者的緊張拉扯與不確定性，轉向許多始料未及的方向，許多企業都先按下暫停鍵觀望，不輕易承諾未來要在這些國家從事活動。比方說，二〇一九年時，資誠針對全球執行長做調查，發現僅二七％的受訪者認為美國是好的投資選擇，低於前一年的四六％；中國從三三％跌到二四％。[1]

想了解成為全球啟動者要具備哪些本質，以及為何英國適合擔此任務，檢視二十世紀戰後的新加坡將很有參考價值，新加坡體現了全球啟動者可以扮演的重要角色，以及其國內可以享有的非凡成就。新加坡在一九六〇年代先脫離英國、接著離開馬來西亞，當時疲弱不振又貧窮，在李光耀（Lee Kuan Yew）帶領下，轉型成為跨國企業的樞紐。李光耀實施的政策，讓這個小島國在金融上站穩了腳跟，包括防止新加坡幣國際化、限制海外銀行的營運，以及剷除公私部門往來時的貪腐行為，因此吸引全球最大型的企業來此地設置營運據點。此時的海外投資大幅提高，進出港口的全球貿易也激增。

李光耀與新加坡政府打造了貿易與跨國企業營運的天堂，加速帶動了全球化，也成為跨國企業可以在本國市場以外，安心從事業務並賺得利潤的地方，但同時也把焦點放在自家的新加坡國民身上。隨著資金大量進出新加坡，李光耀的政府制定規則，要求本地銀行支持能提供工作機會與帶動當地經濟起飛的工業發展與基礎建設專案。失業率從一九六〇年的約一五%降至現在的二%，在這段期間，人均國內生產毛額成長將近六十倍。新加坡採行自由主義的移民政策，這段期間人口成長超過三倍，為製造與科技導向的企業提供了不斷成長的人力庫。此外，新加坡一流的教育系統培養出成千上萬的技術性勞工，這是李光耀以內部為優先的政府支出政策創造出的副產品。

李光耀於一九九〇年卸下新加坡總理一職（他已經任職三十一年），但直至二〇一五年過世前仍擔任各項顧問職。李光耀的前瞻思考政策改變了新加坡原本不那麼亮麗的敘事軌跡，他的領導風格更是無可取代。他擁抱了我們稱之為「**策略性執行者**」（strategic executor）的作法（請見第十二章，屆時會深入探討這一點以及其他領導上的矛盾）。有些人可以擘畫策略，也理解策略要不斷演變才能創造出一致的正面成果，在執行策略時，也能心懷當下的需求，同時考量長期可能出現的變動條件。這種領導張力的根源在於設定目標並持續衡量與目標的距離，同時，如果數據指出有必要改變，也不會因為害怕或要維護自尊而堅持不變。李光耀在接受專訪談及他的領導宗旨時說道：

「當我看到難題、重大問題、或是針對互相衝突的事實做評估時，我會檢視如果我提的解決方案無效的話，還有哪些替代辦法。我會選擇成功機率比較高的方案，但是如果失敗，我也會有其他選項，絕對不會走到死胡同。」[2]

新加坡的成功故事，剛好發生在金融與經濟網絡全球化和國際化不斷擴大的時期，同一時間也有其他地方繁榮發展，採行的也是類似的路線（例如杜拜和愛爾蘭）。雖然如今的全球環境已大不相同，希望見到的成果也不一樣，但使得新加坡能在世界舞台上脫穎而出的四大因素非常值得一提（而且至今仍然至關重要）：⑴具優勢的地理位置；⑵出色的教育系統，菁英大學尤為重要；⑶強健的法規，從而營造出穩定、多元的民主以及安全的商業活動之地；⑷最後這一點很可能常常被忽略，那就是要有一個歡迎外來者的兼容並蓄社會，並在政策導引之下，特意改善社區裡每一個階層的福祉與社經地位。包容的國家得到全世界的尊重與信任，更會因此被視為具有吸引力的地方，讓人想來此地求學、生活以及體驗差異。

新加坡的後繼領導者也需要具備這些以及另一項重要特質：考量到因應全球錯綜複雜難題的迫切性，以及四大規則制定者展現的力量，如今的啟動者必須要有一定的規模，要能在全球經濟體中占有一席之地，不至於大到成為威脅、但要夠大到能發揮重大影響。

英國的機會

脫歐事件近來掩蓋了和英國有關的其他討論，然而，假設之前沒辦脫歐公投，英國在脫歐之後面臨的很多根本性經濟與社會挑戰，仍會威脅這個國家的未來，但這些問題很可能被掩蓋、被忽略，就像過去這些年來的情況。確實，英國脫歐代表了英國前景可能出現革命性的大轉變，因為國家的領導人與人民被迫二選一，要不就去因應國家的不足，不然的話大有可能淪落到邊緣，英國脫歐對整個國家來說很可能是有利的。

讓英國困擾的最迫切問題之一就是貧富不均，出現在人民之間（前一〇％的家庭掌控英國幾乎半數的總財富）、倫敦與農村地區間以及不同的世代之間。英國的製造業比其他西方國家更快萎縮，從一九九〇年占國內生產毛額的一七％，到現在僅剩九％。除了材料科學等少數被設定要發展的領域之外，今日的英國少有科技創新可言。英國人口也在快速老化，導致我們在第二章討論過的三群人處於危境：保有資本極少、或是少有甚至沒有退休金、即將退休的人；正處於事業發展中期、承擔大量財務責任的人，現在他們因為科技造成的破壞而備受威脅，由於英國脫歐，他們的經濟損失甚至比過去更大；另一群是畢業時並沒有得到適當的教育訓練、而且還負債累累的大學生。

即便有這些核心問題（這些和其他西方已開發國家面對的問題沒有太多不同），英國仍是全世界的一股中心力量，是一個啟動者，催生出新的包容性全球貿易，服務每一個人，不獨厚富裕人士，同時還能改善許多國內人民都在承受的艱困條件。從不同的視角看英國，聚焦在英國具備了多少扮演啟動者角色的國家所必要的特質，我們會看到不同的樣貌。

- **地理位置**：英國夾在（歐盟和美國）兩大強權之間，在許多面向上都經歷愈來愈緊張的局面，使得英國自然而然會選擇成為中介者、緩衝者和召集者。
- **教育**：英國的大學系統受到全世界羨慕，有五所大學始終名列全球前二十五所最佳大學排行榜，更有好幾所也常常擠進榜。頂尖的英國學校是學界研究與學術成就的代名詞，而且這不是近幾十年的事，幾百年來都是如此。這一點很重要，因為美國（傳統上最能因為吸引到全世界最出色學生而受益的國家，就是美國）愈來愈不歡迎出於學術理由而移居美國的外國人。

- **法律**：即便有脫歐議題，英國仍被視為相對穩定之地，向來以司法系統強健、道德感深厚與關注決策等特質聞名，整體來說，這是一套多元民主體系。因此，倫敦在全世界可以脫穎而出，成為金融與專業服務的一大重鎮。脫歐之後，更獨立的地位可能會再提升倫敦與英國在這方面的優勢。
- **包容**：在英國，人們多半尊重多元性。很多人把倫敦當成第二家鄉，認為這裡很舒適且相對安全。對於為了尋求更美好的生活而遷往國外的人來說，這裡仍是很熱門的選擇。

關於這一點，我要談談去年我赴倫敦政經學院（London School of Economics）參訪的經驗。通往校園的入口要走過一條很狹窄的走廊，因此一路上一定會碰到一些人，我自己就碰到了一群正在為了全球應該採用哪一種新的治理型態而激烈辯證的學生（我後來知道他們來自孟加拉、智利、中國、衣索匹亞、沙烏地阿拉伯和美國）。我於是自然而然地加入討論，原因無他，因為這是一次很迷人的短暫智性之旅，它涵蓋了本書討論的所有議題。

我問了學生們，為什麼他們來到倫敦政經學院。他們給我這個陌生人的回答是：「不然你還能在哪裡進行這樣的對話？」他們這個反詰問句中，隱含的意義可能不完全正確，我就可以想到美國、歐洲其他地方、甚至印度的大學也可以進行這類對話，但是他們對於政經學院和倫敦這座城市的熱愛不證自明。說到底，雖然這些對話絕對不是只能出現在倫敦，但是他們覺得這裡是唯一能進行這類對談的城市，這種自我認同感顯示了倫敦對於全世界最聰明的年輕人極具吸引力。

- **經濟規模**：雖然英國是一個相對小的國家，但是其國內生產毛額在全球排名第五大。

英國的優勢是國家巨變當中的一線希望。如果英國選擇成為啟動者，並企圖善用機會在脫歐之後為全球人民以及英國國民創造出一個更好的國家，就必須努力調和以下六大策略性領域：

1. **設定目標，要讓英國成為世上頂尖人才學習之地，甚至是創業之地**：要吸引全球最出色的人才來到此地，英國應積極自我推銷，宣傳這裡很歡迎最聰明的學生，並展現相關的支持行動，明確指出取得公民權管道，並以競爭導向制定移民政策，為學生廣開大門，讓最有能力的人能在受完教育之後留下創業。為了避免為移民提供教育反倒需要加重英國公民的稅務負擔，這些學生應該要支付全額的學費和附加費用，可以用私人資金挹注的獎學金支持付不起大學費用的金字塔頂端資優生。考慮這套策略時，要想到很多矽谷的新創公司過去都是由本來去美國讀書的海外學生所創辦，現在也大量聘用這類人才。事實上，在美國九十一家市值上看十億美元的新創公司裡，就有二十一家的創辦人，當初是以國際學生身分來到美國。[3]

2. **吸引國內外資本投資鄰近英國各大學的創新中心**：英國若想打造自家的矽谷，應藉由獎助金和稅賦誘因，積極支援大學和初興的創新中心彼此連結，也要大舉宣傳國家具有的優勢，以提出格局更大的論述，讓企業執行長與投資人認定英國是優越的投資地點。要因應地區性的貧富不均，把焦點放在發展倫敦以外（還有，也不要僅著眼於牛津和劍橋）的在地創新中心，至為重要。本項政策的目標應瞄準製造業的衰退，支持工廠 4.0 的產業發展。在本項計畫下的英國製品，和創辦某些創新導向公司的留學生的本國市場會自然而然有所連結。

3. **以幾項重要領域為核心聚焦研究和教育**：矽谷生態系統這套作法的基本概念，在於學校教育（比方說，位在帕拉奧圖〔Palo Alto〕的史丹佛大學）要配合該地區創新中心不斷演進的產業策略。英國也要採取類似作法導引研發資金，挹注國家藉以累積全球聲望的某些主題性活動。在英國脫歐之後會少掉歐盟的資金，此時這一點格外重要。理想上，重點研究領域應該要能處理現今人類面對的大型整合性問題，其中應該包括和「ADAPT」相關的議題，例如去全球化地區的全球新秩序、材料科學、醫學和醫療保健、提高長者的生活品質、替代性能源以及軟性資本主義（指員工和顧客都能共享企業的成就，而不只是帶動企業成功）。

4. **特別強調要培養具備科技素養的人文學家**：以英國應聚焦的問題來說，我們特意跳過一個研究領域，主要是因為這個領域是整體性的，需要單獨來談其重要性：這個領域就是人文化的科技，或者是說，要確保人工智慧、機器人、社交媒體、通訊裝置以及全球網絡等科技能滿足人們最迫切的需求；但又不會威脅到人類的福祉。要達此目標，英國應提出明確的課程策略，把重點放在針對最重要的科學領域培養人才，同時確保要教育這些學生能欣賞人文系統的獨特之處以及人性本身。如果做對了，這套策略能幫助英國各大學為國內最出色的學生做好更充分的準備，在科技發揮愈來愈重要作用的未來能夠快意縱橫。這套作法也是終生學習方案的一環，能培養出創業人群與專業人才，在打造與設計有用科技的同時還能緩解可能發生的負面效果，換言之，這是一種具備包容性益處的科技。

5. **和關鍵夥伴協商自由貿易協定**：少了歐盟這個開放貿易夥伴，英國就必須和全球大型夥伴以及影響力愈來愈大的地區（美國、中國、印度、中東和非洲等重要地區）締結相對不會造成妨礙的貿易協定。應該把在這些新興地區與國家進行的貿易討論視為契機，設計出明確協定，以利在印度、中東和非洲等地方培養人才。

這類協定的目標，應為透過與英國學校的合作方案來加速貿易夥伴的大學和教育職能成長。這自然鋪出一條行銷英國的概念、服務與製品的管道，也可以成為尋找與吸引最佳人才的載具，替未來的創業與創新活動注入活水。

6. **讓英國在多節點的世界裡成為一個中心節點**：英國的地緣政治位置在某種程度上很特殊，距離上與歐洲其他國家很近，長久以來也已建立了關係，但脫歐之後又具備獨立性。在此同時，也和美國維持友善關係，英國應該善用這一點，自我定位為相對中立的區域，讓世界的領導者與全球的智庫可以在這裡聚首，討論與辯證普遍的問題，並尋求達成協議。扮演這種角色的英國，即便在混亂動盪之時，也可以強化自己可靠且值得信賴的金融與商業中心角色。

如果能打團體戰，「啟動者」的策略可以為英國帶來許多正面成果。從國家內部來說，這套策略會設定很多教育標準和目標，讓學生更能做足準備，畢業時可以從事未來最有價值的工作類型。此外，隨著策略縮短英國在科技上的競爭落差，也更能判定所謂最有價值的工作會是哪些，並能讓工業與服務業的經濟基礎重現生機，而且鋪出發展道路，讓萌生的新構想能變成創新公司。透過以終生學習為目標的方案，能替處於事業發展中期、但因自動化而被取代的專業人士重新培養技能，以尋得更好的工作，從整體上帶動專業主義，並拉高基礎服務業和專技人士的薪酬，退休人士也會受益。這種作法應能大舉拉高稅基，從中獲得資金支應必要的公共服務。如果明確地將研究焦點放在醫藥和健康，應該可以得出永續醫療保健的平價解決方案。

這也能為世界上其他地方帶來附加好處。二戰後有很多機構制度走下坡，老牌的盟友分崩離析，這個世界亟需一個可以共聚一堂之處，這麼說吧，需要一個可以放下干戈的地方。這套策略的主要焦點是要把更多人才帶到英國，但這些人裡面有很高的比率終究會回饋母國，這很可能有助於促成共同承擔使命與打造共享社區的精神。最有意思的，可能是英國可以替自己寫下新的敘事，這個國家的居民愈來愈覺得自己活在一個飄盪、沒有共同故事可以團結起來的國家，因此無法掌控自身的命運，此時最需要這樣的新敘事。

多法斯柯的奇幻故事

本章一開始，檢視在一個分崩離析、愈來愈仰賴個人與在地倡議行動解決問題、並以行動主義對抗看來無解危機的世界裡，國家有多重要。然而，放眼國家可以執行的全球性大計畫時，如果沒考量到這也反映出企業應該且可以利用類似格局，以廣大又兼容並蓄的態度來做事，以保障和促進員工、營運所在社區與全世界的福祉，那就是一大錯誤。說起來，每一家公司大大影響許多人的生活品質，可能是自家的幾位或成千上萬員工，可能是藍領勞工或高階主管，可能遠在天邊，也可能就在眼前。他們對於工廠、倉儲以及辦公室周圍的社區，同樣也大有影響。公司在履行對自家員工、顧客、夥伴的義務（就像國家也有義務推動對於國民和全球夥伴的責任）時，認真程度就決定了他們短期成就和長期在這世界上的重要性。

用國內生產毛額來衡量一國人民與社群的整體滿意度、對經濟的樂觀度和對未來的前景，是很糟糕的指標，同樣地，股東價值也過度仰賴數值，也不適合用來評量企業表現。當然，這個指標是決定股東得到多少投資回報的適當基準，但從中卻非常難以窺見公司裡員工參與的公平性，以及組織對於互有交流的週邊社區、顧客、供應商以及大環境造成的衝擊。換言之，我們認為對於公司成敗、以及克服各項危機之最嚴重後果而言，至為重要的互相依存與兼容並蓄要項來說，股東價值根本無足輕重。企業就和國家一樣，目前很少有人以夠宏大的視角來檢視自己扮演的角色。

就我記憶所及，上一次這個世界遭遇生存威脅的期間，就有一家公司強力證明了用互相依存與兼容並蓄的方法來因應，很重要也有成效，那就是多法斯科鋼鐵公司（Dofasco Steel），我親身見證了這段故事，因此知之甚詳。我之前在本書中提過，我很幸運能在安大略漢米爾頓市尚處繁榮富庶之際生於此、長於此。我運氣很好，我的父親任職於多法斯科鋼鐵廠，以員工人數和對稅基的貢獻度來說，當時這家公司在漢米爾頓市排名第二。加拿大工業家克里夫頓．薛曼（Clifton Sherman）一九一二年時創立多法斯科鋼鐵廠，他最初將公司命名為多明尼歐鑄造與鋼鐵公司（Dominion Foundries and Steel Company），後來簡稱為多法斯科鋼鐵廠。得利於鐵路建造由鐵改為鋼，這家公司始終獲利豐厚，直到一九二九年發生大蕭條（Great Depression），全球的製成品市場嚴重崩盤為止。克里夫頓和自家兄弟法蘭克（Frank）聯手對付大蕭條（法蘭克在公司成立之後沒多久也加入了），他們採取的那一套行動在當時可以說是難以想像，而且，有一大部分仍延續至今。

多法斯柯鋼鐵廠的管理階層沒有加強控制企業、決策時罔顧員工，採取有損員工的步驟，或將公司衰退的原因歸咎在員工身上，反而提出一套策略，把公司當成一整個大社區，每一個在裡面工作的人從上到下一律平等。他們認為，一旦經濟條件走穩，這種管理企業的方法就會帶來回報；確實，這些政策後來變成公司的核心原則，代表了企業文化，在接下來的幾十年導引著這家公司。多法斯科公司沒有資遣一批又一批員工，而是減少公司裡每一個人的工時，並刪減最高層的薪酬，用省下來的資源去支應因為週薪少了而過不下去的員工家庭。此外，克里夫頓還灌輸一個概念，主張所有多法斯科的員工都一起在打硬仗，他設置了一項提供建議的管道，認真看待任何員工提出的強化營運或客戶服務概念。他們也制定了加拿大第一套的利潤分享計畫。

隨著時間過去，還出現更多項目來支持這套廣納包容的文化，我對其中一項記憶尤為深刻：公司會舉辦年度假日派對，地點選在其中一座廠，慶典季時會特別改裝一番。有幾年，參加派對的員工與家人將近五萬人，每個家庭都會拿到一個食物包，每個小孩離開時也都會得到禮物。早在成為業界常見的作法之前，多法斯科鋼鐵廠就已經制定多項方案，以支持漢米爾頓市、以及公司在北加拿大的九座鐵礦廠周邊城市的訓練、藝術與文化專案和環保行動。

這套管理作法非常成功。大蕭條過去之後，尤其是隨著二次大戰導致工業更加擴張，多法斯科培養出優勢地位，擁有非常大量、受過完善訓練且鬥志昂揚的員工，足以因應市場對於鋼鐵的爆炸性需求。當多法斯科賺得創紀錄的獲利，競爭對手只能苦苦追趕，整個一九八〇年代他們都能不斷維持出色的業績。等到公司由家族的第三代接手，薛曼家族淡出管理，交給受過商業管理碩士訓練的技術治理專家領導者，由於他們所受的教育之故，偏重股東價值的重要性，這家公司的文化失去了進取的氛圍，一九九〇年時全球景氣衰退，在一次惡意收購裡，多法斯科被總部位在盧森堡的全球第二大鋼鐵生產廠安賽樂鋼鐵廠（Arcelor）買走，三個月後，安賽樂又被全球第一大的印度米塔爾鋼鐵廠（Mittal）收購。如今，多法斯科是一家規模小很多的公司，獲利時虧時盈，也不再是漢米爾頓市激勵人心、兼容並蓄的指標性企業管理範本。

可能會有人認為多法斯科已是過往的美好，但這家公司的發展史放在今天來說極具重要性。當然，古今的環境有許多明顯的不同之處：太多公司的布局範疇比多法斯科過去的規模大得多，他們對於員工、夥伴以及營運所在地廣大社會造成的衝擊，同樣也更大。回過頭來，這表示非常狹隘的成功指標會造成更嚴重的損害，偏重互相依存、廣納包容的成功概念帶來的潛在益處也會更高。多法斯科發展史放在今天仍明顯適用的部分是，股東的利得不一定要和「做好事多過於做壞事」的兼容並蓄策略互相衝突，換言之，互相依存、彼此包容可能是最寶貴的策略性重點，在危機期間尤其如此。

本章說明具備適當特質的國家如何能重新做出更好的自我定位，在我們目前身處的世界裡快意穿梭，提升本國人民與世上其他地方人民的生活。我們打開了一扇窗，透析企業應如何思考策略；企業的成就非常仰賴營運策略，能得益的不僅只有股東，還包括所有利害關係人。

雖然我們的焦點放在英國，但每個國家都應該採行類似作法：考量自家要面對的特定挑戰、找到因應挑戰的優勢與劣勢，並發展出明確的重新定位策略，高效地駕馭自身與全球的互相依存，追求所有國民雨露均霑的廣納性成就。要解決全球性的危機，顯然需要鼓舞國家層級之上與之下的所有實體和機構，採取積極行動並設計方案，但在現今世界裡，國家仍是最有意義的政治單位。

09 架構：修復失靈的體制

穩定基礎

制度一詞範疇很廣，我們有政治、醫療保健、法律和金融系統等各類制度，還有稅制和媒體。當然，學校、警察、慈善和宗教也包括在內。這肯定是一個很多元的集合。所有制度都有一個共同之處，就是它們都扮演一個決定性的角色，順利推動在地性以及全球性社會平順運作。機構制度若能發揮作用，就能帶我們走向穩定。[1]我們對制度是有期待的：比方說，審判要公平、所有人適用同樣的大學學位授予標準，以及新聞報導要平衡。除非這些制度被毀壞，不然通常都能符合期待。制度本來就預設成只能慢慢改變，穩定正是讓人們普遍願意信任的理由。

但現在不是一般的常態時期，制度如今也沒有餘裕根據正常的規則運作。當無情的破壞持續出現、全球政治社會不斷分裂，加上人們深恐快速的變化會永遠擾亂世界秩序，獨厚少數人、不利於多數人，這種時候，制度就必須改頭換面。進一步來說，它們必須學會如何自我破壞，以便跟上凶險的經濟、政治和社會趨勢。這麼一來，現代化後的制度，將能再度扮演傳統角色，保住我們需要的脈絡，讓大家團結在一起並共同進步，邁進困難重重的未來。可惜的是，很多機構制度在這方面都失敗了，成為敵意投射的目標，而且在人們心目中愈來愈顯得無關緊要。

有大量、研究縝密且經過驗證的分析，在談如何管理大型組織的變革，但本章並不想從這麼廣泛的觀點去看，[2]反之，我們要來談談四個出色的人，這些人大膽地重新設計了衰敗制度的運作基本面，藉由他們的故事，我們會提出一套四步驟的機構規劃，讓制度在無法輕鬆以對的時代裡，仍能成為人們生活中的重要部分。本章要談的前三位，旨在處理第四章的制度失靈，並親身演示了制度（亦即媒體、全球多邊組織和教育）的普遍失靈與造成的嚴重傷害，第四位則賦予我們洞見，看到制度可以、且必須重新與它們意欲服務的在地社區重新搭上線，做不到，就注定失敗。雖然機構制度面臨了極大挑戰，但這些人的故事證明了領導者可以採行積極策略，以保護自家機構制度免於失靈，重振其扮演穩定與提升社會的重要角色，同時也放大原本計畫帶動的社會與經濟進步。

第一步，媒體：找到核心原則，重新賦予其生氣

被稱為第四權的媒體，已經因為時機艱困而墮落。在科技與極端化的壓力之下，媒體正逐漸無法正常發揮基本功能，不再是重要新聞的守門員，沉溺在大量資訊裡、愈來愈難以區辨真相與虛構的世界，也愈難成為公正事實的傳播者。然而，旗下資產包括企鵝出版社（Penguin Books）、《經濟學人》（*Economist*）以及《金融時報》的媒體機構培生出版集團（Pearson Plc），起身抗衡這股趨勢，不向層層疊疊的壓力舉白旗。

說到在最艱困時期撐住培生集團的最大功臣是瑪喬麗・絲卡狄諾（Marjorie Scardino），她成為執行長、帶領英國最具指標性（且動盪不穩）之一的機構，其間過程不同於一般人。絲卡狄諾生於亞利桑那、長於特克薩納（Texarkana），早年是繞桶牛仔競技（rodeo barrel）選手，在德州貝勒大學（Baylor University）完成學業，又花了十年攻讀法學院並執業，之後和丈夫一同創辦小型週報《喬治亞報》（*Georgia Gazette*），經

營得有聲有色，還贏得普立茲獎（Pulitzer Prize）。後來報社虧損甚鉅，根本不堪負荷，他們就以一美元賣掉了報社。絲卡狄諾應用她經營《喬治亞報》的經驗，後來成為《經濟學人》美國營運部門的高階主管，當時是一九八〇年代末期，很難有什麼營運可言。美國的《商業週刊》（*Newsweek*）和《時代》（*Time*）此時正值顛峰，美國根本沒什麼人聽過《經濟學人》這本雜誌，它基本上都在英國撰稿與編製。

絲卡狄諾和團隊改變了《經濟學人》雜誌的發展軌跡。她領導美國事業群六年，期間美國的發行量增加超過一倍，從十萬份變成二十三萬份，這也讓絲卡狄諾被拔擢為負責管理全球業務的要員，一九九七年時，還成為培生集團的執行長。她是第一位領導富時百大（FTSE 100）公司（名列富時一〇〇指數裡的成分公司）的女性，也是第一位接掌培生集團的美國人。絲卡狄諾接手的公司，是一家仍然可稱為巨人的跨國企業，但已經迷失方向，更重要的是，已經失去認同。培生集團因為期下的各種出版品而成為家喻戶曉的品牌，在英國也是備受信任的機構，以全世界來說，信任度更是與日俱增，但這家公司也投入多項非屬核心的分歧業務：拉札德投資銀行（Lazard）、無法獲利的科技部門心景公司（Mindscape）、杜莎夫人蠟像館（Madame Tussaud）等等，多到數不清。

顯然，集團必須割捨這些無關的部分，但這還不足以讓培生集團回到正軌。說到底，在一九九〇年代末期，媒體正在歷經第一波震盪，網路導向的大規模破壞，日後將永遠改變收集與傳達新聞的方式。（舉例來說，《紐約時報》〔*New York Times*〕就從一九九六年開辦網路版。）絲卡狄諾面對這樣的局面，她指示採行一套雙管齊下的策略。首先，她先分離出培生的機構品牌：人們基於哪些因素才信任培生？培生的核心宗旨又是什麼？第二，她讓培生特有的機構特質重現生氣，在新的全球環境中再度顯現其重要性。

第一部分相對容易。培生集團有近一百五十年歷史，其核心是以公正的全球觀點提供優質、精準且勤勉製成的內容，這也是讓培生集團獨一無二的重要因素。絲卡狄諾的挑戰是要替培生集團重塑這樣的形象，在有需要的地方推動現代化，必要時新增或刪掉一些東西。為了擴大內容範疇，絲卡狄諾收購了教育性業務，涵蓋範圍從測驗服務、學術出版到高階主管教育都有。同時，她也挹注資金，將《金融時報》和《經濟學人》推進全球市場、並推上電子平台，還發展出早期的數位策略，透過多個網路管道銷售培生的產品。她在二〇一二年卸下培生執行長一職，與她初任這個職務時相比，集團的獲利高了三倍有餘。最重要的，可能是《經濟學人》成為全球公認的最值得信任的公正完整新聞報導之一。

為了活化機構制度而去定義其目的時，會發生一件很重要的事，此時會浮現一些很難解的問題：該如何行事、如何推動機構制度才能繼續保有其重要性？關於未來該如何走，制度的核心原則事實上就是決策的架構，也是對話的語言。

第二步，多邊組織：以分裂的世界為核心（重新）設計機構制度

不管是誰，都很難不認同「這個世界已經分裂到無可救藥」的看法，大家都擔心嚴重的貧富不均、科技造成的破壞導致失去權利，以及線上與實體社群同溫層不但沒有靠著提供可靠的消息和資訊讓人們團結在一起，反而造成離間。不管放眼何處，每個人都覺得自己受到不當對待，不堪一提。在這種環境下，機構制度的作用是要能體認在讓人困擾的根本差異之下藏著憂心，同時還要積極行事，以減緩人們的憂慮。但社會上最重要的制度都未能展現這項功能。最讓人苦惱的，是為了達成跨國與多邊合作所需的機構

制度（我們需要這些來因應「ADAPT」引發的憂慮），都還沒有做足準備以便在分裂世界裡繼續發揮用處。

二〇一七年時，德國經濟學家丹尼斯．史諾爾（Dennis Snower）得出一套結論，某種程度上徹底改變了他的想法，讓他重新檢視機構制度所面臨的險峻考驗。史諾爾在全球備受敬重，他一生致力研究的主題成果豐碩，遠遠超過多數經濟學家的產出，跨足機構、心理、勞動與行為等經濟學派。[3]他是堅定的全球主義者，幾十年來都認同共識想法，也覺得經濟成長和社會繁榮密不可分，整合性機構制度是全球成就的基石。

然而，二〇一七年時，德國政府要求史諾爾準備議程，供即將在漢堡召開的G20高峰會使用，他才發現這項大型工業國的例行年會（這明顯是全世界可見度最高的機構制度，焦點放在規劃向前邁進的路線，供所有國家遵循），居然是以過時的概念為基本核心。他指出，近年來很多經濟體的產出與所得都穩定成長，但是有很大一部分的人口卻被遺漏了，並未從中得益。他們的生活品質要不就每況愈下，要不就愈來愈不穩定，自覺在全球化的經濟市場裡被剝奪了權利，難以透過自己的努力開創命運；他們目前所在的社區也四分五裂，讓他們備感緊張。工作、薪資、環境條件、居住狀況與教育等等，全都在惡化。史諾爾暗忖，經濟利益應該帶來的社會進步在哪裡？引用他的話來說：「很重要的是，要承認G20的根本目的是為了滿足全球人民的需求，要從需求最殷切人民的需求開始。促進經濟成長與金融穩定，只是達成目的的手段。」[4]

史諾爾前述的目標宣言譴責了G20並未體認到他們身處在一個分裂的世界裡（而且應為此負責），他也因此改變了想法，之後便著手重新設計多邊機構制度這項艱鉅的任務。就像他說的，他認為要重新連結經濟與社會進步，就必須要修正即將到來的年度峰會上的討論重點。一般而言，年復一年，主辦國的領袖會列出他們希望在開會時優先處理的議題（通常是他們有興趣、而且會影響本國經濟社會的議題），並籌組一個稱為G20智庫（T20）的團隊（史諾爾便是德國T20的領導者），針對議程，根據研究提出政策建議。過去的作法是每年都得出不同的主題，沒有一年年地持續追蹤制定經濟策略造成了哪些衝擊、二十大國的人民又享有了哪些社會益處。

史諾爾用來解決這個問題的創意手法，是設計出一個本質上全新、但和T20有關聯的實體，名為全球解決方案倡議行動（Global Solutions Initiative）。這個團體由各種智庫和思想領袖組成，持續論述G20必須因應的全球共同社會問題，以適切處理最緊急的議題。這個團體也有助於T20成為替G20提供智性資訊的主要架構，擴大T20在發展議程時的影響力。全球解決方案倡議行動最初的敘事主調，是經濟繁榮有可能和社會繁榮脫鉤，G20的任務就是要把這些出現落差的繁榮面向重新連上，並聚焦在人類的福祉上，後來成為G20這座錯綜複雜大迷宮的指引前提。[5]這讓T20可以推動其上的G20，不可忽略每個國家人民在日常生活中感受到的緊迫焦慮，並讓G20有了必要的彈性，可以涵蓋主辦國偏好的主題。

史諾爾設計出一套精巧的解決方案，到現在已經執行三年了，且非常成功地改變了G20的路線與輪廓。史諾爾說起話來輕聲細語，乍看之下並不像能重新導引全球最重大機構制度的人，但他做到了，因為他具備兩種某種程度上互相衝突的特質：他是一個坦蕩蕩的人，當他發現必須挑戰自己做了一輩子工作的假設前提時，即便代價是被很多不認同自己新立場的德國同仁排斥，他也毫不畏懼。在此同時，他以深厚智慧為底蘊展現出溫文儒雅的態度，使得他有能力結合抱持不同理論與觀點的有才之士，為了共同的志業而努力；這一點特別值得一提，因為多數T20的成員最初投身的是G20傳統上的經濟與金融政策重點，只稍微提及社會繁榮，將此視為另一獨立目標。

隨著史諾爾對於如何解決全球性目標的想法不斷演變，他指出了三項觀察。第一，根據自己的興趣、嗜好、種族、宗教、所在地點、國家、城市、喜歡的食物等列也列不完的因素，每個人在很多方面都有不同的認同，在這個世界上，人與人之間，愈來愈強調這些森羅萬象的認同，也因此，國家是最主要認同源頭的這個概念，已經不再必然成立。第二，對於什麼才是最優的政治經濟體制，各國抱持不同的看法。第三，即便如此，在貿易、全球金融、氣候變遷等核心主題上，仍有許多有待所有人戮力合作才能解決的重大議題。有鑑於此，史諾爾建議，應考量在地最基層要因應的挑戰，從不同層級的治理機構來重新思考全球治理。[6]任何層級的治理決策，一開始的假設前提都應該奠基於我們生活在觀點分歧的世界裡，每個人對於何謂最好的看法不同，彼此的需求不同，認同也迥異。這和過去七十年來，暗暗導引世界運作的強國主導中央集權式全球性機構信念大不相同，後者在設法尋求廣泛的共識。

史諾爾為了因應全球分歧提出的G20機構制度規劃，理所當然最容易套用在大型系統上。全球經濟雖然日趨緊密，但社會政治系統卻更加分歧，因此，在因應全球性的問題時，採行的社會、經濟和政治變革，要能讓人們各自抱持的認同相輔相成，而不要互相競爭，這一點日益重要。以教育來說，首先要把重點放在教室。以警政來說，是鄰里社區。以政治來說，是選區、轄區和街道。以醫療保健來說，是預防醫學以及個人福祉。請記住一點，人們通常會透過小群體的合作來因應挑戰，全球性的解決方案需要小團體配合國家級與跨國性的機構制度，一起發揮作用。

第三步，教育：加速提升改變的能力

本書不斷提到一件事，那就是現在的教育體制讓我們非常失望。從中小學到大專院校，很多學生都沒有接受足夠的教育，沒有學到必備的知識，無法在一個動態改變的科技世界裡提升自我、蓬勃發展，最好、最有效的教育，反而通常只保留給一小群負擔得起菁英學校的人（這一群人也正在逐漸縮小）。換言之，包括科技、人口結構變化以及社經不均等所造成干擾的全球性趨勢，正快速侵蝕教育的價值。重點就是，教育這套機構制度某種程度上已經癱瘓，壟罩在外部世界的風暴與系統內部自我招致的壓力當中，無法改革也找不到走出困局的路。

不是每一位教育工作者都能透徹地評估情況，知道面對困局時需要有所作為，但吉姆・丹克（Jim Danko）無疑非常清楚。我因為一九九六年的一場颶風，和丹克熟稔了起來，當時他為了應徵杜克大學的一個職位過來面試。大學因為颶風關閉了三天，我和丹克因此有很多時間相處，好好談一談教育機構所面臨的挑戰，來來回回提出一些可能很務實、一些可能完全是突發奇想的解決方案，還一起分享冰淇淋，因為颶風導致他住的旅館冰箱沒電，我們得挽救冰淇淋免得融化。

十五年後，丹克成為巴特勒大學（Butler University）的校長，我們再度同聲一氣，齊力修正大學層級的教育問題。丹克遭遇目前全球環境下，機構所面臨的最嚴重問題：變革的速度太慢，因而正在變得無關緊要。巴特勒大學創辦於一八五五年，使命是要讓每一個人都得到良好的教育，無關乎種族或膚色，這在南北戰爭爆發前的美國是非常激進的想法。巴特勒大學的使命後來有微幅調整，但向來仍強調必須提供可取得的優質教育。這是一所很成功的地區性大學，在美國中西部向來名列最佳大學名單上。

但丹克並不滿足於此，他就像亞里斯多德學派的人一樣，是好學好問的知識分子，具備最出色的教育家特質，從來不認為我們對於自己提出的答案已經無所不知。他憂心巴特勒大學沉溺於自己的歷史悠久，轉型的速度不夠快，無法為學生提供在現今世界裡生活必需的教育。最讓他煩惱的有三件事：⑴各大學並沒有真正替學生做足準備，讓他們能夠面對科技革命；⑵隨著愈來愈多人在人生中繼續拿學位，各大學愈來愈無法滿足持續性的教育需求；以及⑶大學助長了社經的不平等，證據顯示，能以更有效的方式讓學生立足於就業市場的學校，更有可能招收到出身富裕家庭的新生，這些學校不會去最需要為孩子提供良好教育的地區宣傳，甚至根本不開放給這些地方。每一州的大學都是去菁英學校招募新生，大致上忽略了來自普通學校的好學生。

丹克認為，這些根深蒂固的問題之所以難以化解，是因為巴特勒大學向來抱持的保守主義。他認為，機構制度因為自身的惰性而迷失，無法理解現今的問題不會因為時間到了就自行解決，這些是很根本且嶄新的問題，機構制度必須先大破，才能大立。丹克為了讓董事會明白他的想法，他要我向他們簡報「ADAPT」架構。他希望我非常詳盡地展現財富危機的源頭，以及科技如何破壞人們的生活、威脅他們的工作。他要我談一談人口組成變化與極端化造成的隱藏危機，特別著重在制度明顯失去信任，而這是它們不思作為、放棄在社會中扮演正面角色的應得後果。「我要找一個大家認為有信用的人，論述起來比我自己來做更深入、更紮實、更強力。」丹克對我說，「請描繪極端的

『ADAPT』樣貌，我還要你在談的時候，不僅談到對大學的影響，也要講到對廣大社會帶來的危害。」

我和董事會談過之後，丹克很快就讓巴特勒大學的領導階層同意一項極具潛力、充滿想像力的計畫，它改變了大學的本質，保留下寶貴傳統要素的同時，也提供了創新與實驗的路徑。計畫分為三部分。

1. 成立另一個實體，附屬於大學，但是不屬於其治理架構，目的是為加速推出新的學生方案、承擔風險、實行新構想並接受有些作法可能會失敗，之後要從失敗中學習。就連董事會都不得不承認，不可能在巴特勒大學的傳統方案發展管道中，做這些事。新實體要處理的問題諸如：終生學習模式是什麼模樣？哪一種比較不那麼昂貴的大學部方案值得試行？純科技導向的學位應包含哪些要素？主要概念是要建立一套架構，允許在大學裡用快過傳統的速度實驗，並落實未有人試行過的新教育與終生學習概念，最終能加速大學培養出變革的能力，同時還保留使得教育體系成為社會中不可或缺、值得信任的重要治理項目。計畫有了這個部分，才能再帶出下面兩個元素。

2. 找到新的營收管道，例如高階主管教育、另類學位方案與終生學習；如果巴特勒大學找不到新的營收來源，勢必要繼續提高大學部學生的學費，除了最富有的學生之外，其他人都會慢慢被擋在門外。巴特勒大學不像哈佛、耶魯或史丹佛大學有能力籌募捐款，可能無法替大量來自較不富裕社區的學生設立學位方案。策略的這部分設計成用新的學位選項與管道，讓更多人可以就學、就業並負擔得起學費。

3. 強化全方位的學習，隨時都聚焦在學生體驗上，讓課程安排、教學方法以及學程主動搭配雇主的需求，大量且廣泛開拓影響力大的實務操作機會。以上所有要素的重點，都有助於巴特勒大學實踐使命，為目前被傳統私立高等教育排除在外的學習者，提供可取得的解決方案。巴特勒大學一如南北戰爭之前那樣，持續把重點放在讓每個人都可以受教育。

第四步，在地優先：社區連結

有那麼多機構制度失敗，在人們眼中再也不值得信任，主要是因為它們置身於原本要服務的社群之外，不再藉由日常出現在社區裡以及從事相關活動創造正面成果，以證明自身的價值。很多用來因應「ＡＤＡＰＴ」相關隱憂的倡議行動都可以歸類於在地優先，現有制度用什麼方法直接支持與強化這些倡議行動，會決定行動的長期成敗以及制度本身的生存發展。機構制度的責任包羅萬象，涵蓋各類社會性的活動，不可小覷它們在協助在地社區、以及創新者設計方案，以因應貧富不均、恐懼與顧慮時的潛在影響力。

有一個人很早之前就明白機構制度與在地優先之間的關係很重要，他就是佛瑞德瑞克・特曼（Frederick Terman），他曾是史丹佛大學的教務長以及機械學院院長，也是我心目中的英雄之一。[7] 他逝於一九八二年，我只在他過世不久前見過他一次，現在想想，當時我和他談到的主題太大，不是一次對話可以說盡的：我希望他協助我想出辦法，看看一所大學如何能像史丹佛一樣成功。我收到的回應是一篇關於學術創新的專論，其核心訊息讓人無法忘懷：社會和大學之間必須有堅不可摧的連結。

特曼很聰明，實務能力一流，可以把問題分解到最單純的要素，以利找出毫不複雜的解決方案。他在二次大戰剛結束後就在史丹佛大學裡擔任院長，他知道，若想從美國國防部或其他大力支援美國機械工程相關活動的政府機構得到資金，在當時是一項困難的任務。麻省理工學院、卡內基美隆大學（Carnegie Mellon）、約翰霍普金斯大學（Johns Hopkins）和普林斯頓等東岸大學很受青睞，但像是位在帕拉奧圖的史丹佛大學與華府、紐約相距甚遠，明顯居於劣勢。

為了克服這個問題，特曼把史丹佛大學一些沒有用到的土地騰出來，蓋了一座工業園區，這是全世界第一座由大學所擁有的工業園區。他說服門下兩位研究生威廉・惠列特（William Hewlett）和大衛・普卡德（David Packard），將他們新創辦的公司設置於此地。幾年後，隨著史丹佛產業園區擴大，特曼帶頭，將大學的財務連結園區的某些新創公司；在這之前，早就有很多史丹佛的研究生絡繹來到此地。特曼的先驅行動也就是大家熟知的矽谷，這是機構制度和社區互相嵌入、各方獲利的絕佳範例。這是因應需求產生的結果。這是現今各類制度最需要的作法，找到方法套用它們所扮演的角色，去做相同的事。

和社區搭上線應該是機構制度的優先考慮項目，對於直接服務社會的營運機構來說，尤其如此，比方說警察、金融服務機構、稅收機關、醫療保健供應者等等。當這些制度無法真正存在於它們所要服務的社區，就可能造成嚴重傷害。這些機構制度在很多社區裡都很重要，是在地居民與社區社會網絡能欣欣向榮的要項。許多機構制度無力找出在地社區的顧慮，也無能提供具體的答案，長期失靈造成的傷害不容小覷。

所有機構制度的領導者，都可以從本章所研究的原則和領導者身上學到很多。這些人都採行了富有想像力、大膽、有趣且冒險的行動，雖然不見得有十足的信心，但通常都無所懼。為了保護並重振自家的制度，他們都配合自己面對的情勢應用了四個必要的元素：⑴找出機構制度的核心原則並據此創新；⑵在設計機構制度的運作時，做到能在分裂的世界裡生存下去，並改善人們的生活；⑶加速新概念的發展與執行，同時不排拒恐懼改變的人；以及⑷和在地社區以及要服務的對象培養出緊密的關係。有向心力的社會一定要有制度，這是透過大行動或小作為把每個人團結在一起的強力膠，包括大地區和小城鎮，涵蓋大陸與小鄰里。崩潰的制度無法解決本書發掘的危機。

10 文化：重新整理科技

創新是一種社會公益

最近有一群代表各階層的美國人民接受調查，探詢他們對於幾種被預言未來將扮演要角的熱門新科技有何感覺。結果不太討喜；但如果你是一部數位機器，則會很開心。根據皮尤基金會做的調查，七三%的美國人非常擔心或有點擔心機器人和電腦能做許多人類世界的工作，七六%的受訪者說他們相信工作自動化會加劇貧富不均。有整整七五%的受訪者高度懷疑，不確定是否能替因為自動化而失去工作的人，再創薪資更高的新工作。[1]

自駕車相關問題的反應稍微好一點：五六%的美國人說，他們永遠不相信這種科技，不敢坐進自駕車裡。雖然自駕車的主要賣點之一是可以即時消除致命的汽車事故，但有三〇%接受皮尤基金會調查的受訪者說，自駕車事實上剛好相反，反而會導致死亡車禍增加。

如果想到我們目前正在習慣的新科技事實上是一把鋒利的兩面刃，以上這些調查結果也就不讓人意外了。人生中有幾件最重要的事，比方說買房子、買車子、規劃婚禮，以及日常的雜務如購物等等，利用帶有個人色彩的客製化，這些事都可以變得更簡單、更便利、更美好。過去要花幾個小時甚至幾天才能找到的資訊，如今就在指尖。變動緩慢、效率不彰這類產業的業務模式正在現代化，假設也遭受質疑。它們要和彼此以及社區保持聯繫，從來沒像如今這麼容易過。

即便科技在多個方面明顯為人類帶來好處，但新聞報導充斥的都是科技殘忍的黑暗面：對工作和財富造成的衝擊、侵入隱私權和政治系統、社交媒體導致的奇特孤立現象、操弄事實的假消息管道、線上霸凌等等，不勝枚舉，清單很長，同時代表著危機。不論是硬體、軟體、平台還是應用程式，即便我們恐懼，但總是很快就讓新科技進入我們的生活，因此，無論是從個人還是全球社群公民的角度來看，新科技替人們帶來的傷害可以非常嚴重，而且幾乎是永久性的。

關於現今要如何建置與應用科技這個困難的問題，我們必須快快做出決定。如果想的周全，冷靜地找出科技為人所不樂見的元素並支持其優勢，我們所做的決策便能帶來正面成果，緩解負面後果。我們需要建立起紀律、實務作法和政策，來幫助人們明智做出決策，並互相保護，在我們攻擊科技太過度發展時不會遭受網路報復、免於蒙受名聲受創風險，以及其他衝擊生計的威脅。我們可以立刻採取五步驟以控制科技，這些都是基本但重要的步驟，包括：(1)面對數位世界時提升自我技能；(2)保護資訊免被濫用；(3)強化公民社會的角色，以利找到解決方案因應隱私權問題與發展更好的監察管理科技；(4)控制人工智慧；以及(5)改進個人行為並加強自己面對科技時的自制力。

如果人不理解科技，就無法控制科技

科技把很多人都拋下了。有一群人精熟於平台與應用程式，或者擁有大容量的雲端儲存空間與各式各樣的上網硬體，足以消化資訊，然後快速轉化成可用的知識。這些人的立場比第二群人更具優勢，後面這一群人強烈反對機械化、自動化，或者根本沒有工具、或不得其門而入，無法參與數位革命。

科技上分裂會引發慘重代價，讓社會難以發展茁壯，想要改善，只能靠大規模的全球提升技能行動，以達成以下三大急迫的目標：第一個目標是要確保各地的人民盡可能在未來都可以不受衝擊，在工作轉型到需要更多數位技能時，盡量降低就業上的干擾（尤其是年長族群）。第二個目標是讓每個人都能謹慎且明智地找到方法，為科技加上人性；必須由公民帶頭，尋找解決方案化解科技過度發展的問題，企業與政府領導者也必須加入行列。第三是要開始縮短「有」和「無」這兩個群體之間的知識、社會與經濟落差；科技快速帶動日常生活中的相關要素，導致這些落差不斷擴大。

在提升技能時，只有**規模大**、**速度快**的方案才能達到必要的程度。相關的作為可以細分成以下的行動：

- **培養勞動人口的能力**：每個地區的人民都必須取得最基本的數位能力，以滿足目前和未來的工作之需。
- **提升對數位的認知理解**：公、私領域的領導者必須充分理解科技可能造成的傷害，並要有足夠的敏感度，能感知到全球人民對於科技懷抱的恐懼。領導者若少了這些認知，就無法扮演好自身角色，無以帶動科技為公眾利益服務，也無法有效領導由科技推動的組織。此外，全球人民都必須充分理解科技，才能參與管理科技並要求領導者負起責任。

- **協助屬於「無」的那一群人：**找到自己選擇退出數位科技或生活在數位劣勢之地、因此無緣享有科技帶來的機會的人，並提供訓練。

如果目標是要做到這些行動，那就要在全球提出升級數位技能的主張，並爭取大家的認同。必須以培養全球具備數位素養的人民為名，持續分享智慧財產與最佳實務作法，也必須於在地層級和地區層級設置提升技能行動方案的治理架構，當中要明確定義有哪些優先事項待辦、因應這些優先事項的策略、資金的來源管道、合作夥伴，以及需要具備哪些能力才能訓練並留住大量人群。最重要的或許是，民間部門必須協調配合、大力參與；政府和公民社會很重要，但是如果民間部門不認同，培訓的相關作為就無法聚焦在人們遭遇數位破壞時，能保有工作所必需的技能，他們在經濟上也會不夠安穩。

數位難題

資訊是公共財也是私有財，尤其是個人資訊。以匿名、統計數字組成元素或是原始資料等各種形式呈現的大數據庫，集結了個人習慣與偏好、醫療健康史以及購物紀錄、存取的資料以及我們讀了哪些東西，都是一些非常寶貴的訊息。這些數據庫幫助企業利用科技創造出正面成果、提供有效率且可客製化的服務，也能帶動比方說醫療設備或製藥領域的突破，讓我們有更多時間可以休閒，利用空餘時間去做自己想做的事。但同樣重要的是，個人相關的敏感性資訊應受保障，企業和政府不得散播或濫用。

有些地方嚴正看待這些使命。自二次大戰結束以來，歐洲一馬當先，訂出強力的隱私權保護法規，以保證私人資訊以及個人活動相關數據。歐盟最近立法，要求企業必須先獲得歐洲顧客的同意才能收集他們的個人數據。美國在這方面顯然落後了；看看臉書私下收集了多少隱私資訊並轉化為營收流就知道了。亞洲國家在這方面的表現甚至更遜一籌。立法保護隱私權尤其必要，但民間部門（尤其是大型科技公司的領導者）更必須站出來，找出方法並落實解決方案，捍衛由千百萬顧客或客戶相關資訊得出的海量私人資訊。雖然很多科技業的高階主管宣稱認同保護資訊方面的疑慮，但少有人真正以行動來為他們的宣言背書。

有一位執行長值得嘉獎，因為他至少將自己掌管的企業巨獸導向正確的方向，此人便是微軟的薩蒂亞・納德拉（Satya Nadella）。納德拉繼任比爾・蓋茲（Bill Gates）和史帝夫・巴莫爾（Steve Ballmer）兩人之後，是微軟的第三任執行長，他生於印度海德拉巴（Hyderabad, India），在威斯康辛大學密爾瓦基分校（University of Wisconsin–Milwaukee）取得電機工程碩士學位。納德拉替微軟訂下了一項新使命：該公司的共同創辦人蓋茲希望「每一家庭裡、每一張書桌上的電腦，都有微軟的軟體在運作」，納德拉則希望「賦權給世界上每個人與每個組織，以創造更多成果。」[2]

在納德拉的目標中，有一部分是他相信隱私權是一種「人權」，因此誓言微軟絕對不會拿客戶的個人資料換成錢，也不會用來營利。他的雲端運算策略是一扇窗，讓我們可以一窺他對這個主題的想法。策略的中心是要把公共與私人數據分開。微軟的雲端伺服器儲存並管理無敏感性的數據，只揭露數據主人的身分或是數據來處，而每一位客戶的本機伺服器僅有他們自家的公司才可存取，負責保存與保護私密資訊。換言之，當客戶希望使用微軟的雲端基礎分析工具時，微軟會從顧客的私人伺服器萃取數據，然後抹去其來源，在雲端上進行分析，再把分析之後的結果送回客戶的私人伺服器。這些行動基本上是同時完成，不然的話，進行交換的時間會太長，顯得私有伺服器／公用雲端的科技模式速度太慢。

也可考慮用其他方案來處理資料保護的問題。近期有一項重要的技術叫區塊鏈（blockchain），基本運作是把每一次的數據交換變成一系列的匿名區塊，每個階段都可以驗證與追蹤數據的交換，但無法解碼，啟動通訊的人握有私密金鑰，他們可以控制如何使用資訊以及哪些人可以看到數據。區塊鏈是很有價值且極富吸引力的概念，但仍還有很多重要議題待處理。比方說，要如何才能讓數據交換變成可逆的？你可能會想要取消資料交換，完全刪掉，但在區塊鏈裡，雖然必要的數據元素受到保護，但就是無法取消。另一個問題則涉及到如何將區塊鏈裡的某些數據公開；但僅限於短期公開和特定用途。

目前的替代方案在未來幾年可能都還只是初步構想，但無論我們找到哪一種解決方案，都必須要能直接因應公／私資訊問題，要完全擺脫目前多數資訊與經濟交換基礎的大規模、集中化數據農場。[3]

公民社會在哪裡？

為了協助機構制度控制臉書、Google、亞馬遜和百度等平台，並掌控人工智慧的發展以及其對於社會架構的衝擊，由聚焦於科技的組織、非政府組織以及非營利組織等組成的公民社會必須發揮作用，幫忙判定由誰控制新科技、又需要哪些法規和規範來保護社會免受傷害。這些公民社會組織要能取得數據和財務等資源，讓他們可以達成前述目的。我們需要想辦法強化公民社會的角色，並提供同等的研發資源，在建置人工智慧與平台時，把解決方案的主要焦點放在以人為核心上。

那麼，這會是什麼樣子？解決方案的主要重點之一，在於讓創造公益的組織，也能擁有同等的數據存取權利。為已經通過標準的正當非營利組織機構提供資訊池（或者，以雲端運算的術語來說，稱為資訊湖〔lake of information〕），讓他們取得資源。公民社會裡若有人想要取得資源或資訊，要立下幾項原則。所有成果都要開放到公共領域，要以最先進的網路安全與資料遮罩標準作業程序保障個人資訊，也要制定以下討論各類事項的治理實務操作。希望被放進許可名單的組織，必須通過某種形式的同儕審查，由學術界以及有見識的公民，決定要開放哪一類型的資料存取和提供多少資金。提供資金支援這類倡議行動，絕對是解決方案當中的重要部分。辦法之一，可能是要求各平台為此挪出部分經費。

如何管理看不見的東西？

第三章中提過，此時我們正要進入一個人工智慧扮演愈來愈主導性角色的世界，但我們卻幾乎還不理解人工智慧程式如何學習、以及它們對於新的命令或程式輸入有何反應。我們不明白人工智慧軟體的發展在某些項目、語言或個人特質上有哪些偏頗、其反應又如何映照出人工智慧體現的獨特現實。對多數人來說，人工智慧程式分析新資訊的方法基本上是天方夜譚、難以窺見，有時候甚至會覺得很隨便。由於這些特性，即便是出發點最良善的人工智慧導向解決方案，都可能會造成研究的有害後果，在為時已晚之前，我們甚至無法察覺出來。

即便有這些無法預測的結果，人工智慧仍然潛力無窮。到二〇三〇年之前，人工智慧可以為全球經濟增添十五．七兆美元，經濟上得利最豐厚的將會是中國和北美。在我們急著一頭衝進人工智慧的時代之際，資誠另一項研究發現，接受調查的企業高階主管中，僅有二五％會在投資之前先把人工智慧解決方案的道德面列為優先事項。[4] 這個數值可說不上前景看好。企業與政府領導者不能忽視人工智慧造成的後果，必須努力打造一個合乎道德的人工智慧環境，把重點放在以下五個基本面向：

1. 針對人工智慧策略、規劃、生態體系（專案中的內、外部參與者）、發展、部署、運作和衡量的所有要素，制定有效的監督治理，並處理以下問題：建置人工智慧的每一個面向的責任歸屬？人工智慧如何配合商業策略？要修正哪些流程以改善產出、並讓最後的結果不至於太過隱晦難懂？需要設立哪些控制機制以追蹤績效與辨識問題？成果是否一致、是否可重製？
2. 針對人工智慧操作的倫理面制定一套實用、和第一線息息相關的守則，教育涉及的每一個人，並要求每一個人都要負起責任，遵循這些原則。在組織文化變革時，比方說要發展全新的原則之際，最上層的領導非常重要。
3. 堅持開發透明度高的人工智慧，這是指必須查核、辯證與調整人工智慧的資料來源與決策，以因應謹慎審查人士的合理顧慮。

4. 設計穩健安全的人工智慧系統。這表示人工智慧程式必須要能自我反省到一定程度，才能調整核心演算法，快速修正錯誤決策。此外，在設計人工智慧時，必須做到對於實體空間裡的概念、表達、聲明或其他部分在視覺上或理解上出錯時，不會引發嚴重傷害。換言之，如果任何自駕車有可能誤判停止標誌，反而在繁忙的交叉路口全速前進，就不應上路。

5. 盡量根除人工智慧系統裡的偏見。最近有人報導，刑事法律體系的人工智慧程式有種族偏見，聘雇系統也有性別歧視，這些案例都讓人不安。當然，所有決策都會讓某些人失望、讓某些人受益。不管什麼時候，企業、經理人或個人都必須權衡選擇引起的傷害以及承受傷害的人是誰，據此平衡自己所做的選擇，然而，但願這些決策不會籠罩在不公平或不道德的偏見之下，同樣地，以人工智慧系統來說，開發人員與負責管理程式的人必須戰戰兢兢，調整科技以減緩偏見，並讓決策盡可能公平且堅守組織的倫理守則和反歧視規範。

可惜的是，只要大多數企業高階主管認為不需要，整個社會便不太可能充分投資這些必要項目，以建置前述的五大人工智慧保護性措施。要開始改變這種態度，起點很可能是在考量人工智慧開發專案時提出以下的問題：我所負責的人工智慧體系如果出現無法預見的後果，我的家人、朋友、同事、社區或組織無可避免會遭受嚴重傷害，那該怎麼辦？

我們要學著理解自身的行事模式

科技恐慌症確有其事，幾乎每一項針對採用科技的態度所做的調查都顯示，人們對於新的軟硬體會有一陣一陣暗潮洶湧的恐懼，但我們也幾乎無法抗拒在螢幕滑過的每一個平台上買東西或逛逛。我們看來都很清楚社交媒體很有能力分裂與誤導我們，並增強圍繞在我們身邊的焦慮，也知道平板電腦和手機會讓我們分心，迫使我們要立即回應文字簡訊、電子郵件與其他通知，常常讓我們脫離根據最佳判斷應該做的事，以致有損我們自己的福祉，[5]但我們仍無法抵擋這些光鮮亮麗新科技的誘惑。

這些科技都是近期才出現的產物，和我們過去的經驗大不相同，無法套用過去針對電視、電台、或早期網路所做的媒體對人類影響的研究結果，來幫助我們決定如何在使用與整合新科技時，培養出好習慣，設立明智的政策法規或是得出適當的實務操作與保護機制。由於缺乏資訊，我們現在必須快速謹慎且誠實地研究這個平台導向、充滿機器的世界將如何影響個人、社區、組織和政府。

加州大學舊金山分校神經科學教授亞當・賈薩雷在這方面做出了一些最佳的初期分析，第三章中已經特別提到他和加州州立大學心理學教授賴瑞・羅森的相關成果。賈薩雷提出其中一個用以改變人類執迷於科技行為的解決辦法，是利用科技本身來幫忙減緩其負面衝擊。為了說明，賈薩雷開發了一套遊戲名為神經賽車手（NeuroRacer），這是一套三度空間互動程式，玩家要用左手拇指開著一部車越過崎嶇不平的山路，同時注意特殊形狀和顏色的標示，看到時必須用右手拇指開槍射擊。神經賽車手的遊戲要玩得好，必須結合基本的認知技能，例如同時專心在兩件事上，以及利用短期記憶掌握多項資訊以快速回想，這些能力組合顯然可以提高神經可塑性，並可幫忙過濾掉讓人分心的事物。[6]

此外，賈薩雷和其他人也強調養成新的習慣和紀律有多重要，不僅可以抵銷科技對於認知造成的負面效果，也可以強化人們的能力，在這個科技無所不在的世界裡好好工作生活。有一個很討喜的新行為模式範例，是愈來愈多年輕人會在晚餐或其他社交聚會上將手機拿出來放在桌子上，無法抗拒手機震動、先去看手機的人，就要請大家吃飯。其他的建議包括切分時間，分別設定工作時間、社交網路時間、回覆電子郵件時間以及上網時間，不要讓科技變成不間斷的干擾物；經常休息一下，遠離科技，去戶外走走；或者，每幾個小時就花十分鐘在不受干擾之下做做白日夢、小寐一下或是做點冥想。

○○○

我們都要成為好學生，學習理解科技以及科技對於社會和我們自身造成的衝擊。想要以負責任且有成效的態度擔起這項挑戰，我們要抱持一種某程度上互相矛盾的心態，成為我稱之為**精通科技的人文主義者**（*tech-savvy humanist*）。這是指我們必須知道人們要從科技中得到什麼才能讓生活更美好，也要充分理解科技從大大小小的地方改變周遭世界的潛力。在一個科技導向的世界裡，只能機敏地理解人以及人文系統的人，會變得無足輕重，然而，在一個由人組成的世界裡只精通科技，又會造成實質的傷害，這就是問題所在。要培養出精通科技的人文主義者，最理想的路徑就是從小學開始。

欲落實本章提議的解決方案時，我們要以全球為範疇，採取一些大規模的行動，同時也要在個人層面上改變行為模式。世界的分裂導致執行大型方案愈來愈發困難，但隨著科技更加多方面主導人類的生存，未來幾年這股趨勢還會加快速度，選擇什麼都不做將後悔莫及。

11 規模大且速度快：迫切的問題

機構制度失序且功能嚴重不彰，僅有少數在具備獨特領導技能的出色人才領導之下，才得以因應必須快速（如果要費時十年以上就太久了）且大規模修復的全球性、全國性和在地性挑戰。這些問題都很大、很急迫，我們等不到機構制度振作跟上來，特別是，由於我們需要用富有想像力的全新方法才能控制這些危機，以我們現在所知的機構制度來說，顯然無法承擔這項重責大任。

本書中討論的所有危機都是迫在眉睫的問題，但其中某些問題的重大性遠比其他問題更可怕、更迫切，我稱這些為**規模大且速度快**的挑戰。這些問題規模都很龐大，而且棘手，我們需要大規模且快速推動改變，才能緩解。時間是關鍵，要化解這些挑戰，需要全球性或地區性的協調，以及公私部門的合作。

兩大全球危機

有兩項全球性的挑戰特別與眾不同，它們無疑規模極大、非常緊迫，而且亟需充滿創意的解決方案，世界各國必須投以精準且協調得宜的關注。這兩項挑戰就是失業與氣候變遷，且讓我們從失業開始說起。

如果我們接受保守的估計，同意未來十年內會有一〇%的工作因為自動化科技而消失，那麼，我們需要替目前勞動人口中的三億人留住或找到新工作。使得挑戰更加嚴峻的是，低度開發國家有超過十億不到二十歲的年輕人，他們現在需要教育，未來十年需要工作。如果我們不馬上因應，可能的後果將十分可怕。想一想失業導致全球未來世代貧富不均更加惡化的衝擊，然後再想想有數以億計的年輕人看不到未來，遠遠落後於社會中比較幸運的人，他們會怎樣反擊？他們會一起移民、起義、開戰。他們不會成為母國的正面力量，無法發揮潛力從事每個地方都極需的創新並提升生活方式。雖然基本上這是階級衝突在作祟，但這種危險的根源很可能在於聰明、普遍可見的科技滲入了基本上不理解其犀利之處的人身上。

再來，我們來談氣候變遷危機。針對全球暖化效應所做的估計指出，我們只剩大約十多年的時間，必須在這段期間內大力修正我們的碳足跡，不然情況可能萬劫不復。[1]洪災、乾旱與炎夏溽暑，甚至狂風暴雨都可能變成新常態。全球水資源的供給大幅改變，很可能嚴重危及全球的健康、食物的取得以及脆弱的生態系統。從今天這個制高點來看，那些政治人物毫無意願改變，某些人還大肆抨擊科學事實，加上讓各國漸行漸遠的冷、熱戰衝突，很難設想我們可以號召全球一起努力，阻止氣候變遷。

很少人會說這兩項全球危機不急迫。失業的挑戰涉及移民的性質，以及全球大量人民失業所引發無可想像的後果：這在政治上將如何加劇動盪，並在各國國內與國際間導致各種關係進一步分裂？至於氣候變遷的挑戰，簡單來說，這是人類與自然世界的生存威脅。這兩項危機都亟需大規模且速度快的方案化解。

這些問題之所以明顯需要又大又快的解決方法，是因為背後有一些急迫且根本的因素。政治和社會上的分歧冥頑不化，民粹主義運動四處擴散，經濟運作失靈讓人不再心懷理想，科技引發恐懼和不確定性，機構制度委靡不振，再加上不同的人口組成之間衝突一觸即發，在這樣的時代，諸如全球性失業以及氣候變遷引發的天災等影響每個人的問題，也是刺激人們緊緊相連的催化劑。這些是已經兵臨每個人城下的敵人，是我們的共同敵人。現在我們需要的也正是這類共同敵人，靠它們激勵我們共同努力解決與消弭重大問題，更加團結在一起。如果單打獨鬥，這些危機會把我們撕得更加粉碎，求助無門。

確實，規模大且速度快的方案，本質上（尤其是以其規模和範疇來說）就是用來處理「ADAPT」架構引發的每一個四海皆有的問題，為我們提供寶貴的經驗與技能，讓我們可以加速找到答案，化解我們被迫要面對的所有危機。成功的範例會激勵我們繼續努力。從更細部來說，規模大且速度快的行動方案有利於發展與強化本書之前討論過的策略、架構和文化要項（亦即變革三角的三邊）。我們在克服眼前的危機引發的混亂時，要能同時擴大加快這三方面要素的潛在影響力，這點極為重要。

說起來，此時正是適合推動規模大且速度快解決方案的好時機。要在全球進行任何大型且快速的作為，顯然需要大量的財務資源，目前已開發經濟體有大量的資本，可以投入這類急迫的全球性改善行動。在深廣的資本池支撐之下，歐洲某些地方的利率來到零甚至是負值，美國的利率也極低，運用這些資金推動規模大且速度快的方案，立刻就能在全世界創造出可觀的就業機會，更別說還可以提升人民福祉，並壓制人口組成變化以及其他社會因素造成的衝突。但是，我們要能仰賴這些投資，前提條件是全球的大型銀行得先重新塑造自己的角色，成為起點，帶動全球以國際性的創新方案解決重大問題；這樣的改變長期下來，將能創造相當的報酬，鼓勵其他投資人也投入自己的資本。

國家層級與地區層級的挑戰

失業與氣候變遷本質上都是全球性的問題，在因應全國性或地區性的急迫問題時，也需要採取同樣的大規模且快速作為；這些層級較低的危機問題，會因為在全球有大型、快速進展而成為策略上與戰術上的優先選擇，推動全球性的合作關係，協調出的共享資源也能嘉惠較低層級。一開始，且讓我們來看看全球各國各自面對的重大全國性和地區性挑戰：

1. 美國要阻止即將發生的退休危機。
2. 歐洲要找到解決方案處理沉重的稅賦挑戰。
3. 俄羅斯要為莫斯科和聖彼得堡以外的人民創造機會。

4. 非洲要提供教育並創造就業以滿足年輕人的需求。
5. 英國和歐盟要在英國脫歐之後導引出正向的發展。
6. 澳洲要化解不同世代間貧富不均的挑戰。
7. 中國要解決環境危機。

在今天的環境下，讓全球團結在一起共同為了大型快速的作為而努力的想法，很容易被人當成無稽之談，但我很樂觀，我會說人們只是收起展現規模大且速度快作為的技能，並不代表失去。說到底，我們過去也曾經大舉快速採行過必要的作為，改變了全世界的發展軌跡，那就是二次大戰後的馬歇爾計畫。對照馬歇爾計畫對於目前的我們來說大有幫助，這是因為當時的世界一如現在，在大戰之後隨即四分五裂。馬歇爾計畫最典範的成績，或許是締結廣泛且強大的社會、政治與經濟聯盟，在非共產世界裡維繫了七十餘年的關係。

也因此，當我們思考如何著手進行專案以快速解決大規模問題時，記住馬歇爾計畫成就背後的重要因素，會很有用。哥倫比亞大學經濟學家葛倫・哈巴德（Glen Hubbard）

找出了以下四大因素：[2]第一，有明確的全球與在地層級治理架構來管理資金，這是因為資金來源單一（來自美國）才有這種可能性。第二，民間部門確實大力參與；這套計畫的目標，正是要帶動民間部門成長。第三，獲得支援的各國政府都發動了相關的改革。第四，地區性的協調機構確保各國會為了資金而競爭，國家必須想要而且能提出運用計畫，才能取得資金。

來一場GAME

當然，沒有任何一體適用的方案可以套入所有規模大且速度快的行動作為，但馬歇爾計畫獨特的成功路線是很好的基礎，我們現今要因應任何大規模挑戰時都可以參考。現在有一項作法明顯跟隨馬歇爾計畫的腳步（不管是不是特意），處理「ADAPT」架構中引起的重大隱憂，這項規模大且速度快的解決方案稱為GAME。[3]首先，我們來看看其範疇（先偷偷講一下，這套方案雄心萬丈）：這套全名為全球大眾創業聯盟（Global Alliance for Mass Entrepreneurship，簡稱GAME）的方案肩負大膽使命，二〇三〇年之前，要協助印度培養出一千萬名成功的在地創業家，男女各半。這些創業家創辦並經營中小企業，到最後可以在每個社區聘用許多人力，就算沒有幾千也有幾百。我們可以從其他觀點來檢視本方案的企圖心：以美國來說，有五百六十萬家聘用人數超過百人的組織。

以一家新組織來說，前述的目標很大，而且時限非常緊，但GAME（這個組織現在已經開始運作）自有優勢，他們找到正確的人選帶頭向前衝。GAME的創辦人兼董事長拉維．文卡特森（Ravi Venkatesan），之前是微軟與康明斯（Cummins）在印度的負責人，他帶頭做事，讓這兩家跨國企業在印度生根立足。文卡特森之後出任巴羅達銀行（Baroda Bank）董事長，引領一項轉型行動，讓巴羅達銀行從原本遲滯呆板、受到官僚體制牽絆的國有銀行搖身一變，變成機敏的私有金融服務公司，成為印度第二大銀行，布局全世界各主要資金大城。這一切證明了文卡特森很清楚要如何從小處著手，在地打造與管理大型的全球性組織。

對文卡特森來說，要解決印度和非洲（一旦印度的方案上了軌道，GAME打算跨入非洲）面臨的嚴重就業問題，答案就是GAME，因為GAME秉持的想法正好能對抗目前讓就業挑戰更加嚴重的一系列潮流。第一，印度的非農工作僅有二一％來自於中小企業，對照之下，中國是八三％，孟加拉是七五％，美國是五三％。換言之，印度（非洲也一樣）嚴重缺乏可以創造大量工作的重要企業區塊。第二，這些地區的大型組織焦點都很狹隘，只著重提高生產力以利競爭，因此減少聘用的總人數。未來幾年將出現的自動化與其他資訊科技倡議行動，還會加速這樣的偏差。此外，印度和非洲的科技公司多半都在城市，例如很多外包營運和全球客服熱線，這些公司絕對無法滿足絕大多數住在鄉村或小鎮的人民就業需求。第三，事情的另一面是，鄉村地區少有能夠創辦單人公司的機會，無法影響就業需求。

如果問起文卡特森GAME在印度各省施行試行計畫的狀況，他會詳細說起其他由上而下強行創造大量就業機會的失敗大型倡議行動。這些行動無法奏效，有時候是因為無法獲得足量的民間部門承諾，有時是被太多繁瑣的公文往來拖慢進度，或是被管得太多，以至於在關係緊密的小型社區裡運作時無法貼近民意。但文卡特森注意到，同樣在這些地方，可以提供滿足人們基本需求服務的中小型企業，仍供不應求，包括理髮院、專業零售商、旅館和餐廳。當小企業慢慢茁壯成在地深耕的中型企業，會聘用更多員工，這又會擴大企業的潛在顧客群，這樣的良性循環可以改善地區經濟，強化就業前景。

要在單一的社區或地區執行這類創造就業機會的策略，已經極為困難，更別說範圍要涵蓋兩塊大陸，但文卡特森簡化這項規模大且速度快專案的複雜性，在推動計畫向前邁進時，引進了以下三項相反的基本原則：(1)這套計畫放眼全球，但以在地為核心；(2)計畫涉及引領大型組織，有完整的治理架構、任務編組以及權責和衡量系統，用以透過個人創業家來鼓勵、啟動和支援中小企業；(3)計畫的基礎是一套範疇大且速度快的策略，但是執行方案條理分明且非常具體。且讓我們更進一步來檢視以上這三項基本原則：

1. **放眼全球/在地核心**：從全球各地學來的創業成功必備技能、科技和工具的相關洞見和知識，被重新導入在地社區，建構高效率的全球系統累積知識，傳達給可以在家鄉善用這些知識的個人，目標是要在GAME經營的在地建構截然不同的價值鏈，涵蓋培養能力、科技需求、融資與市場資源工具，也利用這些廣大的資訊池與資源池來強化價值鏈。每一位創業家的起始點、資源需求和欠缺的技能，會因為地方的不同和個人的不同而有極大差異。

最大障礙在於要改變在地的心態，這些地方的人，本來幾乎都只在公部門與大型機構謀職，現在要把創業變成他們眼中同樣值得追尋的事業選項。GAME希望透過印度與非洲的教育系統，在全球培養創業精神與能力，以灌注以下想法：把找工作的人變成創業的人，教導單人企業家與微型企業如何擴大規模、創造更高的營收，並提高創業與成功企業家的女性比例。

2. **資金豐富的大型組織，一次鼓勵一個人創業：**文卡特森研究各種嘗試大規模培養創業家的計畫，從中學到一件事，就是他們多半都是專案導向的戰術式操作，沒有足量資本，也缺乏專為維持長期營運而設計的穩健組織架構。反之，GAME的基本組織範疇廣闊，擁有豐富的資源和令人讚嘆的能力，當中納入了各種聯盟夥伴，來自政府、民間部門、非政府組織、執行機構、非營利機構和捐贈者，每一個都經過完整篩選，為執行GAME整體策略帶來必要的技能。這些夥伴組織帶領一群專案任務小組，聚焦在GAME計畫中的每一個要項，包含範疇從在學校裡培養創業心態，到為每個在地地區設立創業模式。另有一個獨立的團隊，負責支援專案任務小組與幫忙建立必要的生態體系，以利方案運作並可永續。這些組織的元素，目標是要於在地商業市場以及環境下鼓勵、培養、啟動與支持創業家，一次一個人。

3. **計畫的範疇廣且速度快，但是行事井井有條**：我第一次和文卡特森談到GAME時，我很訝異這個機構的目標居然這麼大（二〇三〇年要在印度培養出一千萬名創業家），以及他在規劃組織時的鉅細靡遺。瀏覽一下他的組織圖，我看得出GAME的設計就像是一部運作順暢的機器，有很多彼此相連的部分，還有很多的查核與制衡。他們設定了五大要達成的成果，例如及早培養創業心態、將找工作的人變成創業家以及啟動女性創業；為了能支撐起龐大的規模，預計要達成四項突破，當中包括推動科技與架構，以擴大資本和顧客市場；為了達成前述的突破，成立了八個專案任務小組，以利找到創新以發揮更大作用，調度資金並協助在地夥伴籌資，並於在地層級刺激出各項行動。這些只是其中的一小部分，GAME的組織架構極具深度，是一個可帶動由上而下、由下而上經濟發展的平台。

規模甚鉅的複雜大型專案，要規劃到如此枝微末節是很困難的任務，但GAME做到了。文卡特森明白，保有彈性並因應變化，進而從中學習很重要，因此，整理出更好的新心得之後，一定會放棄某些一開始設定的細節。他的方法和實地作戰的元帥很像，都會徹底勤勉整備好部隊，讓他們能夠闖出重重的不確定，不僅只著眼於一場戰役，更能贏得整場戰爭。

就像我們提到的，GAME的營運模式大幅反映出許多讓馬歇爾計畫得以成功的要項，因此，這也可以成為其他規模大且速度快專案的藍圖。這些要項是：

1. 在管理資金以及其他重要資源上，GAME有設計得宜的全球層級與在地層級治理架構。
2. 民間部門大量參與GAME的行動；確實，民間部門的成長也是本計畫的目標之一。
3. GAME要求要改造相關的生態體系以適應每一個接受協助的在地地區。

4. GAME的區域策略和以地方為主的模式，促使有資格受助的當事人會為了得到協助而展開競爭；地方要真心認同創業是當地成就的核心部分。

GAME和之前的馬歇爾計畫一樣，在因應全球性的危機時，世界觀與本書所提的論點不謀而合。計畫秉持在地優先，以互相依存以及兼容並蓄為基準來衡量成功，聚焦在重新塑造機構制度上（尤其是教育和金融體系，以及在地發展組織），也善用科技來滿足人類的需求。

文卡特森在這些要點之外還加了兩點；更詳細檢視的話，在馬歇爾計畫中普遍可以看到兩個因素在發揮作用：先學習、之後才擴大規模，以及，要有足夠的資本，耐心對待組合裡的各項專案，要讓各個專案有時間演變、找到節奏，然後慢慢成熟。

當然，GAME和馬歇爾計畫之間有所差異，差異也很重要。馬歇爾計畫的資金來源和執行單位很單一，即美國政府，但GAME仰賴的是比較大的支持架構：私人贊助資金與提供人才，企業貢獻專業，在地層級與全國層級的政府機構變革法規與實務，學校系統也改變了課程規劃，諸如此類。馬歇爾計畫設計上主要是根據戰爭之前已經存在的狀況重建各經濟體，GAME則改弦易轍，重新思考如何打造經濟、如何培養創業家、以及中小企業如何刺激印度與非洲的成長。最後，與馬歇爾計畫不同的是，GAME並非直接建置與配發專案和資源，而是透過聯盟夥伴執行。

地區性解決方案的必要性

雖然就業機會不足是一個全球性的難題，絕對不限於開發中國家，但GAME可以解決地區性的問題。這是有理由的，因為全球以國家為主要認同的人數已經大幅減少，這是一個需要面對的問題，再加上各國愈來愈沒有能力團結在一起，整合成一股全球性的力量去解決問題。

一九九三年，日本的組織管理專家、同時也是加州大學洛杉磯分校陸斯金公共事務學院（Luskin School of Public Affairs）的前院長大前研一（Kenichi Ohmae），他寫到了國家的影響力正逐漸消退，預期國家在概念上將逐漸被地區性的治理實體所替代。[4]他的主張基於兩點：第一，很多國家（多半是歐洲，但有些非洲與加勒比海國家也是）已經放棄掌控自家貨幣，而貨幣是一國內非常重要的經濟團結因素；第二，各國國內本來就差異甚大，多數國家多半也都不是自然出現的經濟單位。大前研一提出的主要範例，是指出北義大利和南義大利幾乎少有共同之處。到了今天，他更可以直指北英格蘭和倫敦之間、中國內陸和中國沿海之間、或是印度北方各省（Uttar Pradesh）與班加羅爾之間的差異。大前研一預測，地區將成為更重要的政治經濟行動者，而且會做出很多跨境的組織安排。確實，目前規模大且速度快的專案，多半凸顯的都是地區所扮演的更重要角色。

在急需規模大且速度快行動計畫的非洲，就出現很多地區性的解決方案。有一個範例最適合用來說明地區合作的重要性逐漸凌駕於國家利益之上，那就是新專案智慧非洲（Smart Africa）。保羅・卡加梅（Paul Kagame）自二〇〇〇年以來就擔任盧安達（Rwanda）的總統，見過他的人多半認為他是一股堅定的力量。一九九四年時，他領導一場叛變最後成功了，終結了由胡圖族（Hutu）極端分子發動的滅絕盧安達圖西族（Tutsi）行動。雖然卡加梅無可避免地具有強人傾向（也會有理性的批評者適時把焦點拉到他過去紀錄中的這一面），但他就像雷射一樣精準聚焦，要把盧安達帶入二十一世紀，並轉型成一個收入中等的國家。從大局來看，卡加梅最讓人欽佩的成就便是智慧非洲計畫，他集結二十六個各自為政的非洲國家變成一個有向心力的單位，目標是要替非洲大陸發展出一套科技基礎建設，藉以推動地區經濟，並藉此讓非洲能掌控自己的未來。

智慧非洲專案最大的雄心，是要在二〇三〇年前讓非洲的每一個人、每一家企業和每一國政府都能數位相連，[5]希望支持起在地的基礎建設發展、可取得的資本、金融與企業規範，以及社會規劃，借重新的數位能力快速推動全非洲的各經濟體。這類跨境地區性合作倡議行動，絕對可能創造出全世界前所未見的成果，比方說一檔跨國的主權發展基金。為了向甘迺迪總統（President John F. Kennedy）致敬，卡加梅和智慧非洲計畫內其他攜手合作的領導者將這項新事業稱為「非洲的射月行動」（Africa's Moonshot）。

「射月」很適合用來指稱任何規模大且速度快的行動作為。甘迺迪總統在美國遭遇的挑戰，是要在十年內將人類送上月球，此事相當激勵人心，而且最後帶來極大收穫，同時也是一個最佳範例，證明了當人們團結一心，共同為了一件事而努力時，一個國家、地區或全球能做到什麼地步。美國不僅在實質的登月競賽中贏得勝利，在這過程中，美國更讓民主體制地位比敵對的共產主義相對之下更勝一籌，還成為科學領域的領導者，之後多年讓美國公、私領域都大有斬獲。[6]之後多年間創造出來的千百萬份工作，都可以直接或間接和登月搭上線，其中有很多都和太空競賽分離出來的種種科技有關，足夠寫成一本書了，其中包括全球定位系統、電腦掃描、無線穿戴、LED照明、冷凍食品、記憶泡棉、手提電腦、防刮鏡片、手機、淨水系統和隔熱建材等等，多到說不盡。[7]

要解決氣候變遷問題需要全球性的行動

如果想要克服氣候變遷危機，我們同樣也需要規模涵蓋全球的激勵人心願景。全球性的規模大且速度快專案，在執行上向來幾乎難以成功，但要因應氣候變遷，一定要做到。確實，氣候變遷危機對於政府、企業和公民社會的領袖以及某些人來說，可算是提供了一個絕佳契機，比方說，早熟的十六歲瑞典少女，二〇一九年時，以她對於此議題的熱情迷倒了全世界，讓大家團結起來，一起為現代版的射月計畫而努力。這些行動之間有很明確的相似性，比方說，都有明確的敵人，以甘迺迪總統來說，這是蘇聯以及蘇聯在太空競賽中的領先，我們現在面臨的則是一個無法永續存在的地球。一如當時，證據也顯示我們遠遠落在敵人之後。解決氣候變遷問題需要社會各個部分通力合作，而這或許能讓我們享有大量的衍生創新、新的工作形式以及無限的就業機會。我們只剩十年能完成這項任務。

對抗氣候變遷這項任務，政府與個人、企業與非營利組織、科學家與一般尋常人都要有所貢獻。我們可以輕鬆列出要具備哪些要件才能動員全球一起為此努力，遺憾的是，這也表示政治上缺乏意願、或是根本不具備協作技巧等因素，將會成為實質的敵人。

首先，我們必須認知到，如果把全球當成單一的社會來做很多事，馬上就可以大幅降低碳足跡。雖然減少使用石化燃料很重要，然而，還有很多其他可能帶來絕佳影響的可能性，前提是我們要讓全球都把這些當成優先事項執行。環保專家保羅・霍肯（Paul Hawken）所寫的《Drawdown 反轉地球暖化一〇〇招》（*Drawdown*）這本書裡有最全面的分析，告訴我們要做什麼才能馬上扭轉地球暖化。[8]在霍肯所寫的一百招以及其降低碳足跡效果中，有些項目大大出乎意表。有一些選項很明顯，例如以太陽能種電和地熱，接下來，霍肯為大家提供家庭規劃、飲食建議以大量蔬食為主、以及為女孩提供教育等等。《Drawdown 反轉地球暖化一〇〇招》裡的每一招都大大影響碳排放、對企業友善（然而，也有一些會嚴重破壞某些產業，但會用新的產業與企業取而代之），而且我們所有人都能做得到。他的招數極具潛力，有利於因應本書提到的其他迫切危機，包括可創造更多就業機會以及降低經濟上的不對稱性、摧毀國家主義者樹立的高牆，並讓科技和制度重新贏回信任。我們可以採行哪些招數、這些招數又能產生什麼影響，摘要如表 11.1。

要訂出全球性的規模大且速度快計畫以對抗氣候變遷，第二項重要因素是要體認到我們已經活在全球暖化所造成的可怕結果中，而且，與人類到二〇三〇年要經歷的悲慘相比之下，還算輕的了。如今，我們在不樂意的情況下，已經習慣狂暴颶風和野火、農產品產量大減、乾旱以及重大的財產損失。在我們努力解決未來的溫室氣體造成問題的同時，也要訂出聰明的解決方案以緩和目前的衝擊。

要能以全球性的快速行動來因應氣候變遷，第三要項是我們必須動用資源、發展計畫、教育與訓練，來鼓勵針對全球暖化盡快發展出新的科技解決方案。霍肯提到了一些大家都知道的科技性答案，那麼，還沒有被發掘、尚無人知的答案又在哪裡呢？

最後，雖然說機構制度顯然不足以擔當起解決沉重問題的責任，甚至說事實上，它們的缺失正是這些問題出現的部分原因，但我們還是要把擁有開明領導與組成分子的機

表 11.1　減緩碳足跡的重要 20 招

	解決辦法	相關產業	可減少／隔絕的 10 億噸二氧化碳量（2020 年至 2050 年）
1	在岸風電	電力	147.72
2	公用事業規模太陽能光電	電力	119.13
3	減少浪費食物	食物、農業和土地使用／土地碳匯（land sink；譯註：碳匯指能夠無限期累積及儲存碳化合物的天然或人工匯集地）	94.56
4	大量蔬食的飲食方式	食物、農業和土地使用／土地碳匯	91.72
5	健康與教育	健康與教育	85.42
6	挽救熱帶森林	土地碳匯	85.14
7	更好的乾淨爐具	建築	72.65
8	分散式太陽能光電	電力	68.64
9	冷媒管理	工業／建築	57.75
10	替代性冷媒	工業／建築	50.53
11	混牧林業	土地碳匯	42.31
12	保護泥炭地／重新恢復濕地	食物、農業和土地使用／土地碳匯	41.93
13	（在退化的土地上）植樹	土地碳匯	35.94
14	以多年生的食物為主食	土地碳匯	31.26
15	挽救溫帶森林	土地碳匯	27.85
16	有管理的放牧	土地碳匯	26.01
17	樹木間作	土地碳匯	24.40
18	集中式太陽能發電	電力	23.96
19	大眾運輸	交通	23.36
20	每年從事再生性耕作	食物、農業和土地使用／土地碳匯	22.27

 資料來源：www.drawdown.org.

根據 Drawdown 專案的情境 2 推估，將會減緩全球暖化接近 1.5°C。

構納入對抗全球氣候變遷危機專案中，讓它們成為計畫中的一股正面力量。在某個時間點，我們會需要核心再度扮演重要（且值得信任）的角色，在我們生為在地、地區與全球公民的生活中，維持穩定並讓人們擁有確定感。如果機構制度不參與修正全球暖化的問題，將會成為主要且令人難堪的慣性來源。

科技是促動全球的因素

有一項發展在二十一世紀當口還不存在，但因為其獨有且廣大的涵蓋範圍，再加上能夠號召大量的人投身某一項共同的行動，因此可以促成全球大串聯，讓我們更有可能因應全球性危機，那就是社群媒體。以最近的各項作為來看，最能說明這一點的，莫過於二〇一一年底與之後的阿拉伯之春（Arab Spring）運動。有意思的是，我曾陪著一班全球工商管理碩士的學生前往阿拉伯聯合大公國（United Arab Emirates），剛好有機會私下先見識到阿拉伯之春運動的先聲，以及社群媒體如何在運動爆發前四個月掀起序幕。在我們的某一堂課中，身為卡達（Qatar）皇室成員之一的穆罕默德．阿勒薩尼（Mohamed al Thani）為我們這群人提供了一些極具先見之明的觀察。他告訴我們，波斯灣各國和埃及新出現的有限自由，很可能導致人們想要更多，這個地區相對年輕的族群對於現在的領導階層愈來愈沒有耐性，也對於握有大權的人與其他人之間的貧富不均感到憤怒。

最有意思的部分，可能要算是阿勒薩尼主張新科技，尤其是社群媒體和無所不在的通訊管道，將會讓這些忿忿不平的年輕人有機會以此地前所未見的方式組織起來。他說，如果波斯灣和鄰近的阿拉伯國家不覺醒，用更好的方式處理人民的憂慮，政府將會被推翻。四個月後，起於突尼西亞（Tunisia）的一場暴動擴散到大部分的阿拉伯世界，最後導致巴林、埃及、利比亞、敘利亞和葉門等國掀起革命，阿爾及利亞、伊朗、伊拉克、約旦、科威特、黎巴嫩、安曼和蘇丹也出現暴動。埃及政府倒台，敘利亞和利比亞內戰的騷亂結果明顯可見，葉門也出現嚴重的暴行。

當阿勒薩尼和我們分享他對於此區的直覺時，我們這一群參訪的工商管理碩士學生都抱持著懷疑的態度，認為在這些國家中，多數的領導階層都能輕易地平息暴亂。我們當然是錯的，我們低估了電子通訊與社群媒體能以多快的速度組織與協調社會運動。最後的結果是，行事緩慢的政府機器無能快速回應，無法淡化社群媒體的衝擊。社群媒體是極強大的工具，可能被對的人拿去好好運用，也可能被有心人操弄。我們但願社群媒體愈來愈能成為基底，帶動規模大、速度快而且正面的變革。歷史終究會決定阿拉伯之春這一系列的事件究竟是正面還是負面，但這件事已經告訴我們，人有能力跨越國境快速推動充分協調的行動，這項訊息是無價寶。

◌ ◌ ◌

有一個值得一再強調的重點是，如果我們仰賴過去七十年常見的決策與執行速度，將無法迅速處理本書從頭講到尾的各項危機，我們需要在非常大的規模之下，用非常快的速度去做一些很重要的事。雖然目前這個世界並不像二次大戰後那樣殘破，但確實已經走到了極關鍵的十字路口。我們選擇的方向可帶領跟隨我們的人走向美好的人生，也可以創造出一個讓我們無法感到自豪、不願意子子孫孫來到的世界。選擇在我們手上，也取決於我們能否重新找回快速達成重大成果的能力。

12 領導：重新建構影響力

平衡各種矛盾

在撰寫本書的過程中，我們見到很多出色的人。他們充滿活力與想像力，具有不可思議的洞見，對於我們今天要面對的危機非常有感也非常擔心，因此改變了他們所處地區、機構或企業的發展軌跡，預作準備，以期能衝破充滿艱險且遭到破壞的未來，並且替很多仰賴他們的人們改善社會條件。雖然長短不一，但這些領導者都花了時間去了解危機的源頭和帶來的威脅，有些人甚至把這件事變成了一輩子的志業。最終，當其他人還在辛辛苦苦辨識問題是什麼時，他們已經提出了非常有創意的解決方案。看看這些領導者，想想為何他們在最艱鉅的情況下還能這麼有成效、有遠見，就浮現了一種不可思議的領導者共同輪廓。每一位領導人都能協調兩種表面上看來互相衝突的截然不同特質，而且能運用兩種特質的優勢。

金乃冰副市長堅定地把自己奉獻給她生長的崑山市，但又具備全球性的機敏度。絲卡狄諾敢於擁抱培生集團百年核心傳統，作為更大規模現代創新的基礎。史諾爾運用絕佳的政治技巧，為G20的流程注入新活力，讓高峰會重新找回已經失去的重要性，但他堅守相當的正直誠實，並以此作為他的主要優勢。丹克有大無畏的勇氣，要求一所某種程度上疲乏不振的中西部大學快速改革並現代化，但又憑著深沉安靜的謙遜在學校培養出共識。微軟的納德拉領導一家致力於發展軟體、平台和機器的公司，但同時又是一名堅定的人道主義者。文卡特森證明他是大膽又富遠見的策略專家，設計出全球大眾創業聯盟（簡稱GAME）這個組織，目標為在二〇三〇年之前，在印度啟動並訓練出一千萬個創業家，且他具備了強力、願意親自動手的執行能力。

這些人巧妙整合了相反的特質，展現了一種更有凝聚力、高生產力且具成效的領導風格，他們正可以對應上我所謂的「領導上的六大矛盾」（Six Paradoxes of Leadership）。這些領導者試著在自己的脈絡中因應複雜的問題，在過程中也學到了應該如何自在地表現出至少一組互相矛盾的特質要素。這可不是簡單的任務。很多領導者（事實上，應該說我們都是這樣）都會愈來愈沉溺在安穩的舒適圈，去做一向做得很順手的事。然而，從定義上來說，領導上的矛盾是指我們在善用最出色的技巧時，同時也要強化我們寧願避免的特質。

從作用上來說，領導上的六大矛盾是一套單一系統，強迫我們去平衡各種互相對抗的特質、能力和信念。每一種矛盾的核心張力，都牽涉到彼此衝突但又互有關連的要素，同時共存且長期留駐。當這些特質不同步時，結果幾乎總是難以如人意。想想一些以英雄形象聞名的高階主管，他們將組織從災難的邊緣救了回來，但是不夠謙遜去尋求建議，或者沒有能力改變路線，他們推動的計畫很有可能還是以失敗告終。

當領導者在因應「ADAPT」引發的挑戰時，會遭遇的不僅限於本章探討的六大矛盾，但我相信這些是現今環境下，領導者最需要擁抱的項目。這六大矛盾代表的是一種全新的領導取向，在因應我們目前面對獨特且嚴峻的威脅時絕對必要，未來十年很可能也是如此。考量到我們所面對的危機本來就互有衝突，過去曾經改善千百萬人社會經濟前景的全球系統，一時之間突然失效，會衍生出這些矛盾，也就不足為奇了。如今，要能游刃有餘地揮舞雙面利刃，才能算得上是偉大的領導。

第一種矛盾：精通科技的人文主義者

兩種互相較量的能力是：

- 精通科技：要能善用和理解科技以帶動未來的成就。
- 成為人文主義者：要理解並關心人們和組織、以及其運作方式，也要清楚系統與情境中的人文效果。

如果花點時間和微軟的執行長納德拉相處，你會很訝異看到他在許多方面都以人文為先、再來才是技術專家的態度。他喜歡先討論微軟的企業使命、微軟在這個世界以及營運各國裡要扮演什麼角色，並佐以科技評論，為這些對話增色。自納德拉二〇一四年擔任執行長以來，微軟持續登上多個「最佳職場」的排行榜。他也在公司落實新文化，著眼於鼓勵員工創新、打破各自為政並敞開溝通大門、給員工明確的事業發展路線圖，並將高階主管的薪酬和推動多元性的進展相連動。納德拉說：「如果我們要把服務地球當成企業宗旨，就要去思考地球。」為了說明他的領導哲學，他提出以下這條公式：

同理心＋共同價值＋安全可靠＝長期的信賴

當然，納德拉同時也是一位精通技術的專家。最近，他帶領公司在營收、獲利和市值上創下新高，大部分就是靠著重新塑造微軟成為雲端導向網路與軟體的領導者，並抹去世人眼中微軟多年來苦苦掙扎、毫無網路策略的印象。第一種矛盾當中的人道主義面向是很複雜的特質，包含要在職場上促進正面體驗，但又遠遠不僅於此。要完全理解人怎樣行事、系統對人有何衝擊，以及科技要如何增進、而不是降低人的生活品質。在此同時，還要以關懷的角度來評估科技進步對於遭受最大衝擊的人將有何影響，會變得更好還是會遭受傷害。要做到這一點必須要具備高度的同理心，如果要預測的是仍在規劃階段的科技會造成的效果，更是如此。在思考他們打造並引進市場的科技會有哪些負面結果、又該如何消弭時，科技專家也必須非常自律。

可能有人會覺得，只要讓人道主義者任職科技公司高層，就可以確保這些公司能成為好的世界公民，但這其實不夠。確實，這種領導上的矛盾中，精通科技的這一面極為重要。科技主導了我們的生活，以前所未見的方式影響我們的各個層面，人們的隱私、生計、生活品質和社交關係，都仰賴於以謹慎敏感的態度建置的科技，絕不可有惡意。我們已經不再能假設科技就是好的，也不可再用天真的論調去設想科技對於我們的思考、情緒、社區和國家造成的影響，唯有精通科技的領導者才有足夠的專業，打造出預先考慮到未來的科技，才能確保科技能專注於改善生活，而不是造成威脅。確實，如果領導者應用的是過去能解決問題、卻會減損人們與組織未來福祉的科技，那就失敗了。當領導者無法適當判斷科技造成的結果或無法嚴正看待這個議題時，代表他們沒有善盡職守。

第二種矛盾：非常正直誠實的政治人物

兩種互相較量的能力是：

- 非常正直誠實：保有正直的人格特質，並在所有的人際交流當中都能培養出信任。
- 成為政治人物型的人：爭取支持、溝通協調、組成聯盟並克服抗拒，有所進展並維持下去。

我們在第九章介紹過的史諾爾，是全球解決方案倡議行動的總裁，他接下的挑戰可以說是一項不可能的任務，但他把不可能變成可能。為了替每年的G20帶來新氣象，讓這場國際盛事再度找回價值，成為討論氣候變遷、資源短缺與貧富不均等重要全球性議題的場合，而不只是談主辦國政治人物最想談的問題，史諾爾建立了一套架構，可以持續地規劃議程，納入急迫的新問題以及處理過去的憂慮之後有哪些進展。要讓這一群人聚在一起，需要出色的政治能力，因為史諾爾要面對的利害關係人甚廣，他必須在他們之間達成協議。他得讓政治領導人與一流的經濟、政治學家都接受這套做法，而這些人對於世界的新秩序應該是什麼模樣都抱持不同的看法。史諾爾也把企業的聲音納入學術界和智庫的組合當中，後面這兩種人多半非常不信任企業，而且，他要面對的，是二十大成員國內對抗主義與國家主義愈演愈烈的環境。

這是很困難的任務，但也很成功，唯一的理由便是史諾爾在政治上展開所有說服、談判、動員、辯證與決策時，他都會在整個過程中懷著無與倫比的使命感、明確的目標、誠實坦白以及公平公正。他靠著政治技巧，在各種互相對抗的利益考量之間達成了協議，而一開始讓所有人願意參與並繼續留下來的因素，則是他的正直誠實。他們相信，史諾爾心理會惦記著每個人的利益，也不會因為要達成共識而說謊或誤導他人。參與本項倡議行動的人很多，但沒有任何人懷疑他會自私或圖謀不軌。有多少技巧高超的政治人物能得到無懈可擊的正直與公平名聲？

史諾爾以深厚的正直誠實為基礎的熟練政治技巧，是現今所需的一套模型，因為我們需要因應大量且多元的人民，才能處理「ADAPT」引發的問題，和已經嚴峻的四大全球危機，這些議題愈來愈複雜而且彼此糾結，這表示，解決方案靠的是更廣泛的利害關係人通力合作，帶入各種適宜的觀點、多元的考量和不同的根本假設。要在這樣的環境下帶動行動，領導者必須要爭取支援、溝通協調、組成聯盟、預料到會有反彈並克服抗拒。檯面上的相關人士愈多，政治能力的重要性就比以往有過之而無不及，然而，如果成功少了信任、對於基本的意圖沒有共同的信念或不認為自己的聲音會受到重視，就沒有人會繼續留下來。要培養與維持這股信念，就需要高度的正直誠實。

通常，會成為在政治上求得共識的人很少具備這項特質，因為他們在政治意味極濃厚的環境下就顧不得正直誠實。滿足每個人的需求和管理互相抗衡的力道要花很多時間，領導者很可能會為了便宜行事而犧牲核心原則。但是，正因為現今的政治環境很極端而且不受人信任，領導者唯有表現出充分的正直誠實且承諾投身於群眾目標、而不是去在乎特定人士的個人利益，才有助於創造出正面的成果。

第三種矛盾：心懷全球的在地主義者

兩種互相較量的能力是：

- **心懷全球**：不要輕易斷定各種信念系統與市場結構，要好好學習這個世界。
- **成為在地主義者**：深深投入某個地方，要理解並成功破解在地市場的問題與細微之處。

我們在第四章中介紹過崑山市的副市長金乃冰女士。打從我們第一次見面，就看得出金女士全心奉獻給她的城市，並且樂於展現這一面。我接受招待，去一家以奧灶麵打響崑山名號的餐廳；清朝時，北京的皇帝就想要帶回第一位煮出這道麵食的主廚，但這位廚師就像金女士一樣，深愛崑山市而不願離去。我見識到了崑曲的發源戲院，也看到了展出以該市各地學生作品為主的藝廊。金女士要我去嚐嚐看她最愛的當地美食，一種從附近的湖泊中捕撈的毛蟹。她是堅定的在地主義者，重點放在振興經濟和強大教育系統、將各文化面互相結合在一起，促進崑山市的繁榮興盛。

金女士也是一位聰敏的學生，學習有關於這個世界的一切，早在多數人明顯看出政治分崩離析、經濟競爭激烈和所得貧富不均之前，她就看到了這些。她下定決心，認為要保有崑山市的成功，取決於能否吸引到杜克大學。一所世界級的大學能強化崑山市創新地區的地位，能夠引來全世界的學生、老師、研究人員和創業家。以大學為核心也會比較容易取得資本，並提升住宅和商業的發展。簡而言之，她知道把杜克大學和崑山市搭配在一起，這座在地城市就能躋身全球之列。

金女士也有先見之明，看出二十一世紀初全球觀點正在轉變為在地觀點。全世界的人大體上都愈來愈焦慮，愈來愈擔心自己和子孫的未來，在這種時候，人們的焦點會更狹隘，會去找和自己很像的人，把注意力轉向離自家更近的問題上。很多透過

「ADAPT」架構出現的問題，能以在地方式解決的話是最好。如果放在全國性或國際性的層級，顯然非常棘手，或者，至少會出現很多極端的意見，很難達成協議。

但是，也有很多在地層級無法處理的挑戰：大氣變化、海洋污染和病原體等等，並不會因為國界而有任何差異。經濟上也有顯著的互相依存；人如何重新塑造科技好讓我們更能展現人性，則是一個全國層級的問題；而我們也不可忽略全球各地都有嚴重的貧富不均現象。最後這一點不只是一個無私的考量。赤貧國家的人民會透過合法或非法的管道移往海外，而且多半都會陷入與鄰國交戰的戰事中。我們都逃避不了對方的問題，因此，對領導者來說，很重要的是要抱持兩種看來互相衝突的心態：以在地為先，同時要能敏銳地感知到全球的情況。確實，如果不擁抱這項矛盾中的雙重面向，衍生出來的後果明顯可見。過於強調全球面的這一邊，基本上會導致僅著重管理平均值，就好比使用國內生產毛額來衡量一國國內的經濟品質一樣。

一方面，大型地區的就職訓練顯然有其必要性，但個別的在地也有不同的就業需求，必備的技能也不同，一般性的提升技能方案可能並無助於改善許多在地的處境，事實上，很有可能忽略就業需求最強烈的地方。另一方面，無法放眼全球的固執在地主義者也有風險，他們可能會忽略如今我們生活在一個互相依存的世界；就算他們很有信心認定在地可以不管其他地方的活動而獨立行事，也只不過是天真的想法。雖然在地的倡議行動可以帶動在地經濟成長，但在地經濟無法獨立運作。此外，全球性或全國性的社會經濟行動方案，通常擁有大量資源，可以是用各種不同的策略性與戰術性模式，心繫在地的創新者可以仿效當中最出色的。

第四種矛盾：謙遜英雄

兩種互相較量的能力是：

- 謙遜行事：在自己與他人身上培養出韌性，體認到何時需要去協助他人與需要他人協助，以謙遜的態度傾聽他人。
- 成為英雄：在不確定之時做出決定，在莊重的態度中透露出自信。

第九章鄭重介紹過巴特勒大學的校長丹克，他以出色的行動計畫帶領學校向前邁進，創辦一個獨立於大學的單位，快速設計出新的教育模式，讓學校擺脫慣性。丹克大膽行事，提出深入重要的問題，追問學校的未來會如何、以及各大學是否有可能培養出能力以快速回應他們所面對的動態變化。這些是又大又沉重的問題，丹克並不想把自己的答案硬套在大學上，反之，他傾聽學校董事會、校友、學生、教授和其他相關人士的答案，也願意承認自己對於計畫內容還不確定，因為這是全新且未經嘗試的作法，但他承諾會評估、回報並修正有問題的部分。

丹克英勇的行動來自於他明白自己必須挺身而出，以勇敢的領導保護他帶領的機構，而他的謙遜則是這項行動得以成功的因素。謙遜讓他能帶著其他人一起，說服他們合作，並讓大學接受一套持續性的方案，去評估未來需不需要改進新的倡議行動計畫。他的天賦是能擁抱領導上的矛盾成為謙遜英雄，這一點透過以下的問題最能說清楚：我們如何協助領導者在一個不確定的世界裡以滿懷的信心、無懼地展開行動，同時又具備謙遜特質，能體認到自己犯了錯、或並沒有問對問題以獲得最佳答案？

如今的領導者要面對眾多快速變化的變數，要採取行動十分困難。領導者要面對的挑戰是，即便連自己都不清楚情況如何，他們還是要釐清整個局面。而且，領導者也感受到，今時今日，他們比以往更需要扮演英雄，在會引發焦慮的時間點上散發出自信。只要他們別在英雄主義裡自大傲慢，自以為無所不知，在出現難以克服的挑戰或其他同路人提供有用建議時，不願意改變方向，那就沒問題。現在的改變速度快而且規模大，當機立斷做出決策並展開行動的領導者，也必須要具備謙遜體認自己的能力有限，要有勇氣承認自己的錯誤。

還有一點對謙遜行事來說也很重要：廣納包容。真正的領導者，會鼓勵所有受到決策影響或是具備高度專業的人提供參考意見，藉此避免錯誤。在尋求大量且多元的相關人士提供意見、背景資料、數據和傳聞證據時，領導者要讓每一個人都感覺到自己也參與了最終的決定，因此，如果後來發現選錯了，也可以群策群力快速改正。當然，有時候參考意見太多會讓領導者動彈不得，他們會因為眼前有過多複雜且細微的解決方案而不敢拍板定案，當處於這種領導面的矛盾時，就是英雄面要跳出來的時機。不做決定，基本上等於領導者決定了什麼都不做，他們帶領的組織或地區終將在目前的發展動態中被拋下。真正的領導人有勇氣，會根據他們所知的情報做出決策，如果後來發現選中的選項錯了，也能隨時準備好改變方向。

領導者個人須具備強大的抗性，才能在犯錯的時候認錯，容許他人犯錯，尋求建議時廣納建言，根據自己的直覺做出困難的決定，並培養出自信帶動持續的成功。在展現脆弱的過程中，同仁也愈來愈感受到領導者人性的這一面。回過頭來，謙遜英雄領導風格中互相矛盾的特質，也會成為面對未來時的跳板。

第五種矛盾：心繫傳統的創新者

兩種互相較量的能力是：

- **心繫傳統**：和所屬組織或地方的目標緊密相連，尤其要把初衷當成基礎，然後把這些價值觀帶到現在。
- **要成為創新者**：帶動創新，嘗試新事物，有勇氣失敗並容許他人失敗。

第九章提過的培生集團執行長絲卡狄諾，她很清楚公司的優勢就在於其傳統。豐富、明智、精準又可信的新聞，是培生集團《金融時報》和《經濟學人》（培生擁有五

○%的股份）的謀生之道，公司提供的教育產品也備受尊敬，深深嵌入組織的DNA裡，科技、投資銀行和蠟像館等其他業務裡面這些元素就少很多。絲卡狄諾的挑戰是要保有公司的傳統優勢、保護公司重要特質，同時又要開發新管道並更新產品，讓公司能在舊媒體面對科技破壞時生存下去。很多大品牌的媒體，都無法做到像絲卡狄諾這般巧妙的轉型，最明顯的範例就是時代公司（Time Inc.）。

為了好好說一說像絲卡狄諾這類型的領導者，我發明了一個詞叫「心繫傳統的創新者」，這種人尊重自己所領導機構制度的傳統，但也明白要保有對機構制度而言最重要的部分，就需要創新。我第一次想到這個詞，是我在和杜克大學一位最知交的同事葛瑞格．瓊斯（Greg Jones）談話時。他是訓練神職人員的神學院院長。他說，一所學校的變革挑戰深植於其傳統，那是所有研究與教學的基底。瓊斯看出，有必要與其他學院更密切整合，把研究和教學的焦點全心置於如今的跨學門問題上，也必須要有所改變，才能在一個日漸世俗的世界裡培養宗教領袖，以及在現代世界裡需要改寫人格和美德等種種概念。我很失禮地說，他的問題追根究柢來自於一個簡單的問題：你要如何對教職員、董事、校友、結盟教會和學生說，十年前上帝錯了？我們決定換個比較好的說法：你要如何轉化過去的傳統與事實，並讓它們在時間的更迭中仍息息相關？

對絲卡狄諾來說，堅守培生集團最知名的產品以及培生擁有的各種歷史性特質，非常重要，因為就是這些因素讓培生有了價值。「ADAPT」環境下需要的正是這些傳統：公平、中立的媒體，並從更專業周全的制高點來報導這個世界，在此同時也必須創新，沒什麼可商量的。所有組織都需要轉型，而且，由於全球運作方向的變動，轉型不是一次就夠了，還得經常轉。領導者必須確保轉型會出現，營造適當的文化，帶動組織進入新領域、科技、方法、產品與服務，以及新概念（這或許是最重要的），這是因為，仰賴過時的思考模式，不去質疑也不去更新，正是導致今日機構制度喪失重要性的主要理由。

但，乾脆打破組織然後繼續向前邁進，會不會比從事心繫傳統的創新更有意義？如果把這種矛盾拆開，丟掉心繫傳統那部分，又會如何？以多數機構制度來說，這是一種有勇無謀的作法。說到底，像媒體、政府、教育、市場、警政和國防等制度提供的價值不容質疑，無論過去還是現在，都一樣重要。這些制度如果沒有能力改革、推動現代化，就是嚴重的缺失。有些媒體公司事實上曾經試著要撐過產業內的破壞力道，比方說，借用過去幫助他們累積出名聲的新聞，如今反過來在新聞中作假。他們用文筆拙劣、來源未經確認、以及用詞聳動的文章來追求網路上的點擊率，而不思成為更好的讀者守護天使。這類媒體公司有很多都撐不下去，當他們和網路上千百家類似公司競相比爛時，同樣陷入了網路營收嚴重縮減的困局。

尊重傳統的領導者，會花時間去理解組織的核心使命，並為這份使命換上現代的面貌，因此能更熟練地進行適當且影響力更深遠的創新。回過頭來，這又讓不斷演化的組織有了一個可以憑據的根基。心繫傳統的創新者擁有的矛盾，最適合以儒家的建議來說明；儒家的講法是，領導者必須記住自己之前還有好多前人，這些人都坐在自己的肩膀上看著自己的一舉一動，提醒自己是如何走到這個位置，並敦促自己不可以因為不作為而毀了組織的傳承。

第六種矛盾：策略性執行者

兩種互相較量的能力是：

- 要有策略：運用和未來相關的見解作為今日決策的參考。
- **成為執行者：**巧妙克服今天的挑戰。

我身為一名需要為大型組織負責制定策略的人，我發現最後這項領導上的矛盾會讓很多人學會謙卑。對我來說，全球態勢變化太快，我根本沒有餘裕坐下來好好想一下，檢視目前的狀況，詳細地進行辯證，然後想出一套可供檢視、並在五年後落實的方案；再也做不到了。然而，即便要因應立即性壓力與重大短期議題，同時間我們還是要針對一些極長期的趨勢以及中期議題預作準備。把執行和策略分開不是辦法，我們需要在執行時謹記著未來，還要在擬定策略時顧及執行。

GAME的創辦人文卡特森正是展現策略性執行者這種矛盾的最佳範例。一方面，他可以在大型公司成為絕佳的策略專家，把大格局的願景和大規模的組織整合在一起，展現他在企業世界裡工作幾十年累積出來的專業。(他曾是印度第二大銀行巴羅達銀行的董事長，之前則是微軟的印度董事長)。另一方面，文卡特森專注於透過GAME為大量創業家提供在地機會，這項作法體現了快速學習與調整，以面對新創界不斷變動的條件。

他的組織架構有兩大截然不同的元素：⑴文卡森特根據經驗所設計的整體性架構和治理結構，相對長期且遵循原則，用以帶動GAME的使命；以及⑵不斷變動的動態營運模式，隨著新概念的出現持續改進。在第一部分，文卡特森展現的是策略性執行者矛盾中的執行面，第二部分則透露出策略面向。以他管理GAME的取向來說，如果少了他所制定架構嚴謹的紀律、與隨之而來的規定和政策，如果沒有巧妙規劃的賽局執行計畫，組織將會飄移不定，無法達成策略上的目標宗旨。

如果執行和策略無法達成平衡，就無法保證成功。偏向執行多於策略的領導者，會讓自己陷入失敗，因為他們會掉進惡性循環，不去處理系統本身的錯誤，只能持續修正系統內的問題。一方面，他們不斷修修補補，卻沒有任何實質進展；唯有制定了策略性計畫，講明期待未來幾年系統要如何滿足組織的目標，才可能會有進展。此外，這些偏重執行的領導者會被困住，聚焦在今天的問題上，鮮少關注未來的條件。當領導者以動態創新作法來發展系統或組織規劃時，這樣的創新就會帶來額外的好處。

另一方面，「全看策略，不管執行」的領導者無法在位太久，因為組織到最後並無能力因應為了生存下去必須因應的問題。如果無法修正眼前的小問題，也絕對無力解決還沒有發生的大事。多數組織會撐走沒有做好適當準備處理日常顯而易見問題的領導者。還有，沒有好好落實的系統、架構或方案，會短期消耗資源，例如財務、人力和政治資源，而且長期下來也不會留下什麼成果。人多半會偏向策略或執行的其中一邊，領導者若要克服這一點，就要仔細擘劃策略，但也要充分理解策略很可能需要演變，而且在執行時心繫既要滿足立即的需求、也要顧及不斷變化的未來。

對於像我一樣擔任領導者角色的人們來說，巧妙地同時創造眼下的成就與未來的願景，是此刻非常重要的事。要能做到有效調和前述六種領導上的矛盾，並熟悉最適合自己操作的領導矛盾，聽起來可能有點嚇人，但正因為這樣，才說出色的領導人知道自己的優勢所在。他們必須在身邊培養出相輔相成的領導者，能自在地運用其他類型的領導矛盾進行管理。在研究這些領導矛盾以及表現出色的傑出人才時，我很訝異地看到每一位領導者都如此鄭重地看待眼前的領導任務，他們非常認真，勇敢且深入面對影響自己的城鎮、組織、企業和制度未來的極重大問題，理解挑戰的核心、以及要如何才能找到克服的方法。我忍不住去想，如果所有人都更認真地去尋找解決方法，打造信任的橋樑、歡迎身邊的人提出建議，這些領導上的矛盾或許就不難化解了。

淺談新冠病毒疫情

在我們把稿件傳給出版商到敲定本書編輯流程期間，正好碰上新冠病毒肆虐這個世界。疫情的挑戰也代表了我們在本書中找到的危機正在加速發展。全球各國為了拉平感染曲線而採行極端但必要的措施，將對全球經濟造成嚴重衝擊，最脆弱的族群要承受愈來愈嚴重的不對稱。科技給了我們一些可用來對付病毒的重大優勢，但社交媒體正在分裂與複製訊息，製造混亂，有時候甚至是恐慌。年長人口替不健全醫療體系帶來的挑戰更加速發威，現在已經成為危機的核心。走極端和普遍性的缺乏信任，以至於在最需要各個社會彼此協調採取行動之時，卻很難有所作為。

然而，本書所提的各種解決方案，在最孔急之時仍能帶來一線希望。疫情期間經歷的各種嚴重短缺，證明了在地資源缺乏以及某些製造業需要本地化，而且各種機構制度迅速承認有必要大幅改進，以便能快速把大規模的工作做好。確實，某些最出色、最強力的因應行動就來自於社區。科學界和製藥界正踏上前線，準備擴大解決方案。矛盾的是，社交隔離的性質雖然極端，但由於人們有了共同的經驗，反而讓大家透過虛擬方法團結起來。

新冠病毒疫情顯然是人類發展的分水嶺。問題是，人能從因應挑戰當中汲取出最好的心得、並應用到本書中所談的各種危機上，還是我們將會把所有的精力耗費在解決短期的問題，放任長期的議題繼續悶燒呢？我們有機會在更好的條件上重塑這個世界，利用我們所學到的心得，並讓我們做好準備，面對未來，在此時做出帶我們走出新冠病毒疫情之後能更強大的決策。如果我們不選這條路，將會延長受苦的時間，危機的午夜也會更快降臨。如果我們以新培養出來的團隊合作感為基礎，並把重點放在共同利益與生活中的重要事情上，希望的曙光也會比我們預期中更早升起。

後記

本書的內容，是記下我們的團隊聽說的各種憂慮，並轉換成「ＡＤＡＰＴ」架構。如果我們現在不行動，這些憂慮衍生出來的危機，將會在全世界引發不可逆的後果。此外，我們也在書中說明了為何我們主張人類分秒必爭，因為僅剩十年危機的午夜就要來臨。但我相信，我們仍有理由不絕望。我們從人類歷史中多次看到，出現共同敵人時，人們會同仇敵愾通力合作，力挽狂瀾。我們如今就站在這樣的時間點上，我希望讀者明白，我是用樂觀的角度在看待我們的未來。

在此同時，我們要重新思考未來的發展路線，這項需求明顯至極，且迫切之至。每一個人都應該加入這個行列。每一個人所踏出的每一步都非常重要，採取每一項行動時，都要很清楚自己想要的是什麼，有一些是大家都可以做的，很小、很個人的事情，比方說調整日常生活方式、改變自身行為、以及培養更負責任的新習慣，有一些則是領導者應該追尋的規模大且速度快的解決方案，這些可以影響並改善千百萬人的生活。沒有人可以忽視，一定要對這件事有所行動。請決定你要扮演什麼角色，然後好好實踐。

致謝

撰寫這本書，是一段我有幸領略的專業生活裡的高潮之一。這不僅強迫我花了一點時間，把某些多年來構成我的世界觀的思維體系付諸文字，並以我們今天面對的真實挑戰為標準來做檢驗，也讓我能和某些我非常敬佩的人士密切合作。我的團隊包括蘇珊娜、瑟琳—安、雅莉絲、湯瑪斯與達麗雅，我很榮幸能與各位同時列名本書封面，這本書代表著我們過去五年來的核心概念，謝謝各位和我一起共同創作、研究、書寫與辯證，即便這本書已經完成，且讓我們持續前進吧！在此要特別向各位的至親好友致意，你們雖因忙於工作疏於照料他們，但你們也為了他們付出一切，感謝：麥可（Mike）、傑斯（Jess）、凱蒂（Katie）和威廉（William）；亞當（Adam）、米雅（Mia）和賈許（Josh）；丹尼爾（Daniel）、碧翠絲（Beatrix）和葛斯（Gus）；凱緹（Katy）、吉歐夫（Geoff）和夏兒（Sharyl）；娜塔莉・維克托洛維娜（Natalia Viktorovna）和尼可萊・伊凡諾維奇（Nikolay Ivanovich）。感謝傑夫，謝謝你加入團隊，協助確認我們以能和讀者搭上線的風格來書寫想法和概念，並激發出我們需要的行動。

世界各地支援我們寫作本書的資誠人太多，難以一一列名，但是我們一定要提到其中的某些人。科倫・凱利在是一位可互相激盪想法的熱情夥伴；凱文・艾歷斯（Kevin Ellis）邀請我和他的合夥人暢談，並支持本書的出版，導引我們寫出了英國策略的第一版；鮑伯・莫瑞茲相當支持這些概念，把資誠國際網絡的未來寄於解決其中某些挑戰。來自多國的聰明忠誠夥伴和員工，在他們身處的在地市場檢驗了「ADAPT」以及其隱含的意義，敦促我們要發展出自己的思考，其中特別感謝松田義明（Yoshiaki Matsuda）、麥可・艾爾（Michael Ey）和堤戴恩・巴（Tidyan Bah），以及來自於澳洲、巴西、加拿大、中國、德國、匈牙利、義大利、日本、墨西哥、中東、俄羅斯、西班牙、南非、英國和美國各分公司的同仁。珍妮・佛瑞絲特（Jenny Forrest）連同史帝夫・哈金（Steve Harkin）和德拉妮・卡妮（Delanie Carney）設計出美麗的書本封面。蘇珊・艾歷斯（Susan Ellis）替我們掃除障礙，把工作變得更輕鬆。安卓雅・費麗（Andrea Feeley）是除了撰寫團隊之外，第一個讀到這本書的人，她提供的研究與洞見，幫助我們把故事說得更好。亞特．克萊納（Art Kleiner）在不可能的情況下撥出時間並花費精力，讓這本書變得更好。葛雷琴．安德森（Gretchen Anderson）則替我們介紹了出版商比瑞特柯勒（Berrett-Koehler）。

二〇一九年十二月，我和比瑞克柯勒出版社的團隊碰面，在這之前，我並不太清楚這家出版社適不適合這本書。承蒙尼爾．梅利特（Neal Maillet）、麥可．克勞利（Michael Crowley）和薇勒麗．卡德薇爾（Valerie Caldwell），也特別感謝書事出版社（BookMatters）的大衛．皮堤（David Peattie），帶領這本書走過複雜的出版事務。我們也要大力感謝出色的文案艾美．史密斯．貝兒（Amy Smith Bell），她不僅明白我們要說什麼，還幫我們把內容說得更動聽。我想要對史帝夫．皮爾森堤（Steve Piersanti）表達誠摯的謝意，謝謝他創辦一家鄭重策劃各種書系的出版社，帶來挑戰也激勵人心，同時也提出了永續解決方案，創造一個我們都想擁有的未來。我很榮幸能與你合作。

多年來我一直很信任某些人的意見，他們也從未給過我不當的建議。他們把我的想法琢磨地更好，把我和這個世界交流的經驗變得更光明，我要感謝：葛瑞格．瓊斯、羅伊．勒維奇（Roy Lewicki）、湯尼．歐卓斯柯（Tony O’Driscoll）、理查．歐德菲

（Richard Oldfield）、艾倫・舒瓦茲（Alan Schwartz）、梅根・奧薇貝（Megan Overbay）、賈維・辛（Jaivir Singh）和李涵果（Luke Hanguo Li）。然而，在這方面做的最多的是我的妻子瑪莎，她傾聽我的每一個想法，建議我應該留哪一個、刪除哪一個，支持她容易惹人生氣的丈夫逾三十年。她也給了我兩個兒子菲爾（Phil）和克里斯（Chris），他們又再給了我們蘿麗（Lorie）、艾勒里（Ellery）和萊頓（Leighton）。少了他們的耐性、刺激和黏呼呼的手指，我會更難一直保有樂觀的態度，有氣力去努力打造一個更好的未來。

附註

第 1 部：這個世界如何步步走向災難

1. 這些想法最早由我和同事科倫・凱利（Colm Kelly）一起發展出來，請見 Colm Kelly and Blair Sheppard, "Common Purpose: Realigning Business,Economies, and Society," *Strategy + Business*, May 25, 2017, https://www.strategy -business.com/author?author=Colm+Kelly，凱利著眼的是我們如何重新思考經濟以及如何用更好的方式將社會利益與經濟成就相結合，請見 Kelly and Sheppard, "Creating Common Purpose," PwC, 2018, https://www.pwc.com/gx/en/issues / assets/pdf/pwc-creating-common-purpose-2018-global-solutions.pdf (accessed February 4, 2020).

第 1 章　我們的憂慮

1. "Amit Chandra Becomes a Voice for Philanthropy," The Bridgespan Group, October 11, 2016, https://www.bridgespan.org/insights/library/remarkable-givers /profiles/amit-chandra-voice-for-philanthropy.
2. 本專案的摘要可參見布萊爾和瑟琳－安的文章，"A Crisis of Legitimacy," *Strategy + Business*, June 5, 2019, https://www.strategy-business.com /article/A-crisis-of-legitimacy.
3. UBS and PwC, *Billionaires Insights 2018*.
4. OECD, *The Squeezed Middle Class in OECD and Emerging Countries: Myth and Reality*, December 2016.
5. International Labour Organization, *Global Wage Report*, various years.
6. Alicia Hall, "Trends in Home Ownership in Australia: A Quick Guide," Parliament of Australia, June 28, 2017, https://www.aph.gov.au/About_

Parliament /Parliamentary_Departments/Parliamentary_Library/pubs/rp/rp1617/Quick _Guides/TrendsHomeOwnership.
7. Elisa Shearer, "Social Media Outpaces Print Newspapers in the US as a News Source," Pew Research, December 10, 2018, https://www.pewresearch.org/fact-tank /2018/12/10/social-media-outpaces-print-newspapers-in-the-u-s-as-a-news-source/.
8. Oliver Milman, "Defiant Mark Zuckerberg Defends Facebook Policy to Allow False Ads," *The Guardian*, December 2, 2019, https://www.theguardian.com /technology/2019/dec/02/mark-zuckerberg-facebook-policy-fake-ads.
9. David Marquand, "The People Is Sublime: The Long History of Populism,from Robespierre to Trump," *The New Statesman*, July 24, 2017.

第 2 章　不對稱與財富危機

1. Francis Fukuyama, *The End of History and the Last Man* (New York: Free Press, 1992).
2. "Hamilton Population," World Population Review, http://worldpopulation review.com/world-cities/hamilton-population/ (accessed February 21, 2020).
3. 舉例來說，漢米爾頓市被智慧社群論壇（Intelligent Community Forum）選為 21 座智慧城市之一。請見 Rodney Barnes, "Hamilton among the ICF's Smart21 Communities of 2020," October 27, 2019, https://softwarehamilton.com /2019/10/27/hamilton-among-the-icfs-smart21-communities-of-2020/. 創辦紅帽（Red Hat）和露露（Lulu）兩家公司的羅伯特・楊（Robert Young）也來自於漢米爾頓市。
4. "A Brief History of Ontarian Wine," Niagara Vintage Wine Tours blog, https://www.niagaravintagewinetours.com/a-brief-history-of-ontarian-wine/ (accessed February 21, 2020).
5. "Property Prices in Berlin," Numbeo, https://www.numbeo.com/property

-investment/in/Berlin (accessed February 21, 2020).

6. "Moscow Real Estate Prices among World's Fastest-Growing," *Moscow Times*, April 12, 2019.
7. "Two-thirds of U.K. Students Will Never Pay Off Debt," *Financial Times*, July 4, 2016.
8. "America Can Fix Its Student Loan Crisis. Just Ask Australia," *New York Times*,July 9, 2016.
9. "Pension Participation of All Workers by Type of Plan, 1989–2016," Center for Retirement Research at Boston College, http://crr.bc.edu/wp-content/uploads /2015/10/Pension-coverage.pdf (accessed February 21, 2020).
10. GOBankingRanks survey 2018, updated on September 23, 2019, https://www.gobankingrates.com/retirement/planning/why-americans-will-retire-broke/.
11. "Russia Population 2020," *World Population Review*, http://worldpopulationreview.com/countries/russia-population/ (accessed February 21, 2020).
12. "China's AI Push Raises Fears over Widespread Job Cuts," *Financial Times*, August 30, 2018.

第 3 章　科技造成的破壞與危機

1. 有一本書兼具寓教於樂的功能，討論歷史上的重大破壞，請參見 Dan Carlin, *The End Is Always Near: Apocalyptic Moments, from the Bronze Age Collapse to Nuclear Near Misses* (New York: HarperCollins, 2019).
2. 有一個有趣的範例，是艾隆．馬斯克（Elon Musk）和比爾．蓋茲（Bill Gates）持續就人工智慧的風險進行辯證，請參見 "Bill Gates: I Do Not Agree with Elon Musk about AI," CNBC, September 25, 2017, https://www.cnbc.com/2017/09 /25/bill-gates-disagrees-with-elon-

musk-we-shouldnt-panic-about-a-i.html.

3. 有兩個範例以極有意思的方式探討幾家平台公司獨霸一方和其引發的重大後果，請參見 Scott Galloway, *The Four: The Hidden DNA of Amazon, Apple, Facebook, and Google* (New York: Portfolio/Penguin, 2017); 以及 Martin Moore and Damian Tambini, *Digital Dominance: The Power of Google, Amazon, Facebook and Apple* (New York: Oxford University Press, 2018).
4. See Robert H. Frank and Phil J. Cook, *Winner Take All Society: Why the Few at the Top Get So Much More Than the Rest of Us* (New York: Penguin Books, 1995).
5. 最近有人摘要說明這個概念，請見 Philip Cooke, *Knowledge Economies: Clusters, Learning and Cooperative Advantage* (London: Routledge, 2002).
6. "States of Growth: Gujarat, Madhya Pradesh, Haryana, Fastest-Growing Punjab, Uttar Pradesh, Kerala Bring Up the Rear," CRISIL, January 2018, https:// www.crisil.com/content/dam/crisil/our-analysis/reports/Research/documents /2017/CRISIL-Research-Insight-States-of-growth.pdf.
7. Richard Edelman, quoted in "Upskilling: Bridging the Digital Divide," PwC, December 1, 2019, https://www.youtube.com/watch?v=8HE43C-FLiag &feature=youtu.be&list=PLnF8iaZwgjXnfrw-iTrzax7v0upMi-sodt.
8. C. Frey and M. Osborne, "The Future of Employment: How Susceptible Are Jobs to Computerisation," Oxford Martin School, University of Oxford, 2013.
9. "How Will Automation Impact Jobs?," PwC, https://www.pwc.co.uk/services /economics-policy/insights/the-impact-of-automation-on-jobs.html (accessed February 20, 2020).
10. 佛瑞寫的書非常全面且擲地有聲，檢視工業革命引發的結果、以及這對於我們即將邁入的世界有何意義。請參見 Carl Benedikt Frey, *The Technology Trap: Capital, Labor, and Power in the Age of Automation* (Princeton, NJ: Princeton University Press, 2019).

11. D. Zissis and D. Lekkas, "Addressing Cloud Computing Security Issues,"*Future Generation Computing Systems* 28, no. 3 (March 2012): 583–92.
12. "Big Brother Is Watching: How China Is Compiling Computer Ratings on ALL Its Citizens," *South China Morning Post*, November 24, 2015, https://www.scmp .com/news/china/policies-politics/article/1882533/big-brother-watching-how-china-compiling-computer.
13. 有人針對人們為何更在意壞事勝過好事做了很出色的一般性討論，請參見 Roy F. Baumeister, Ellen Bratslavsky, Catrin Finkenauer, et al., "Bad Is Stronger Than Good," *Sage Journals*, December 1, 2001, https://journals.sagepub.com /doi/abs/10.1037/1089-2680.5.4.323.
14. Mike Allen, "Sean Parker Unloads on Facebook," *Axios,* November 9, 2017, https://www.axios.com/sean-parker-unloads-on-facebook-god-only-knows-what-its -doing-to-our-childrens-brains-1513306792-f855e7b4-4e99-4d60-8d51-2775559c2671.html.
15. Adam Gazzaley and Larry Rosen, *The Distracted Mind: Ancient Brains in a High-Tech World* (Cambridge, MA: MIT Press, 2016), 115.
16. Gazzaley and Rosen, *Distracted Mind*, 116.
17. "About Max Tegmark," Future of Life Institute, https://futureoflife.org /author/max/ (accessed February 20, 2020).

第 4 章　體制信任度與正當性危機

1. Samuel P. Huntington, *The Clash of Civilizations and the Remaking of the World Order* (New York: Simon & Schuster, 1996).
2. "Fourth Estate," https://en.wikipedia.org/wiki/Fourth_Estate (accessed February 20, 2020).

3. Pew Research, "Trusting the News Media in the Trump Era," surveys conducted between November 27 and December 10, 2018, and February 19 and March 2, 2019, https://www.journalism.org/2019/12/12/highly-engaged-partisans-have-starkly-different-views-of-the-news-media/.
4. "Media Companies Dominate Most Divisive Brands List, and It Keeps Getting Worse," *Morning Consult*, October 1, 2019, https://morningconsult.com/2019 /10/01/polarizing-brands-2019/.
5. Amy Mitchell, Jeffrey Gottfried, Jocelyn Kiley, and Katerina Eva Matsa, "Political Polarization and Media Habits," Pew Research Center, October 21, 2014, https://www.journalism.org/2014/10/21/political-polarization-media-habits/.
6. Justin McCurry, "Trade Wars, Tweets, and Western Liberalism: G20 Summit Wraps Up in Osaka," *Guardian*, June 29, 2019, https://www.theguardian.com/world /2019/jun/29/g20-summit-osaka-japan-trade-wars-liberalism.
7. John Gerald Ruggie, *Multilateralism Matters: The Theory and Praxis of Institutional Form* (New York: Columbia University Press, 1993).
8. Chichun Fang, "Growing Wealth Gaps in Education," Institute for Social Research, University of Michigan, June 20, 2018, https://www.src.isr.umich.edu/blog /growing-wealth-gaps-in-education/; and D. D. Guttenplan, "Measuring the Wealth Effect in Education," *New York Times*, December 2, 2013, https://www.nytimes.com /2013/12/02/world/europe/measuring-the-wealth-effect-in-education.html.
9. *Revenue Stats 2019: Tax Revenue Trends in the OECD*, OECD, https://www.oecd.org/tax/tax-policy/revenue-statistics-highlights-brochure.pdf (accessed February 20, 2020).

第 5 章　極端化與領導危機

1. "Species and Climate Change," IUCN, https://www.iucn.org/theme/

species /our-work/species-and-climate-change (accessed February 21, 2020); "Climate Change," Great Barrier Reef Foundation, https://www.barrierreef.org/the-reef /the-threats/climate-change (accessed February 20, 2020); Scott A. Kulp and Benjamin H. Strauss, "New Elevation Data Triple Estimates of Global Vulnerability to Sea-Level Rise and Coastal Flooding," *Nature Communications*, 2019, https:// doi.org/10.1038/s41467-019-12808-z; and Ellen Gray and Jessica Merzdorf, "Earth's Freshwater Future: Extremes of Flood and Drought," NASA, June 13, 2019, https:// www.nasa.gov/feature/goddard/2019/earth-s-freshwater-future-extremes-of-flood-and-drought.

2. Ellen Gray, "Unexpected Future Boost of Methane Possible from Arctic Permafrost," NASA, August 20, 2018, https://climate.nasa.gov/news/2785 /unexpected-future-boost-of-methane-possible-from-arctic-permafrost/.
3. Erik C. Nisbet, Kathryn E. Cooper, and R. Kelly Garrett, "The Partisan Brain: How Dissonant Science Messages Lead Conservatives and Liberals to (Dis)Trust Science," *American Academy of Political and Social Science*, February 8, 2015.
4. Greg Lukianoff and Jonathan Haidt, "The Coddling of the American Mind," *The Atlantic* (September 2015), https://www.theatlantic.com/magazine/archive /2015/09/the-coddling-of-the-american-mind/399356/.
5. "Climate Action Tracker," https://climateactiontracker.org/countries/ (accessed February 20, 2020).
6. William Forster Lloyd, "Two Lectures on the Checks to Population," 1833.

第 6 章　人口組成的年齡變化加速其他四種危機

1. "Japan's Glut of Abandoned Homes: Hard To Sell but Bargains When Opportunity Knocks," *Japan Times*, December 26, 2017.

2. "Japan's Glut of Abandoned Homes."
3. *The World Factbook*, CIA, https://www.cia.gov/library/publications/ resources/the-world-factbook/fields/343rank.html (accessed February 20, 2020).
4. *The World Factbook 2020* (Washington, DC: Central Intelligence Agency, 2020), https://www.cia.gov/library/publications/resources/the-world-factbook /index.html./
5. "Future of India: The Winning Leap," PwC, https://www.pwc.com/sg/en /publications/assets/future-of-india-the-winning-leap.pdf (accessed February 20, 2020).
6. Council on Foreign Relations, "The State of US Infrastructure," January 12, 2018.
7. OECD Health Statistics, 2018; PwC analysis.

第 2 部：扭轉危機

第 7 章　策略：重新思考經濟成長——在地優先

1. Colm Kelly and Blair Sheppard, "Common Purpose Realigning Business Economies and Societies," *Strategy + Business*, May 25, 2017, https:// www.strategy -business.com/feature/Common-Purpose-Realigning-Business-Economies-and-Society?gko=d465f.
2. Kelly and Sheppard, "Common Purpose Realigning Business Economies and Societies."
3. "Tatev Revival," IDeA Foundation, https://www.idea.am/tatev-revival-project (accessed February 20, 2020).
4. "Aurora Humanitarian Initiative," IDeA Foundation, https://www.idea. am /aurora (accessed February 20, 2020).

第 8 章　策略：重新定義成果—在崩壞的世界裡欣欣向榮

1. PwC, “22nd Annual Global CEO Survey,” 2019, https://www.pwc.com/gx/en /ceo-survey/2019/report/pwc-22nd-annual-global-ceo-survey.pdf (accessed March 9, 2019).
2. T. Plate, *Conversations with Lee Kuan Yew, Citizen Singapore: How To Build a Nation* (Singapore: Marshall Cavendish, 2010), 46–47.
3. Stuart Anderson, “International Students Are Founding America's Great Startups,” *Forbes,* Nov. 5, 2018; www.forbes.com/sites/stuartanderson/2018/11/05 /international-students-are-founding-americas-great-startups/#754059e65568

第 9 章　架構：修復失靈的體制—穩定基礎

1. 要完整討論機構制度與進行辯證，需要一整本書的篇幅。有興趣的讀者可以從這本書開始：Vivien Lowndes and Mark Roberts, *Why Institutions Matter: The New Institutionalism in Political Science* (London: Red Globe Press, 2013).
2. 若要檢視變革管理，我心目中最出色的權威著作是很好的起點，很值得一探，可參見： John P. Kotter, *Leading Change* (Boston: Harvard Business Press, 2012).
3. “Prof. Dennis J. Snower, Ph.D.,” Global Solutions: World Policy Forum, https://www.global-solutions.international/cv-snower (accessed February 20, 2020).
4. Dennis Snower, “G20 Summit Was More Successful Than You Think,” *G20 Insights*, July 11, 2017, https://www.g20-insights.org/2017/07/11/g20-summit -successful-think/.
5. 我一開始便是在這個過程中認識史諾爾。他聽說過我和同事凱利正在做的事，並請我們針對訂出倡議行動的敘事基調和設計，以及持續運作全球解決方案高峰會（Global Solutions Sum-

mit）提供參考意見。我們所從事的工作的核心概念，就在 Kelly and Sheppard, "Common Purpose: Realigning Business, Economies, and Society," *Strategy + Business*, May 25, 2017, https://www.strategy-business.com/feature/Common-Purpose-Realigning-Business-Economies-and-Society?gko=d465f.
6. "President Dennis J. Snower's Opening Address at the Global Solutions Initiative," June 5, 2019, https://www.youtube.com/watch?v=c8sstzOUYtg.
7. C. Stewart Gillmor, *Frederick Terman at Stanford: Building a Discipline, a University, and Silicon Valley* (Palo Alto, CA: Stanford University Press, 2004).

第 10 章　文化：重新整理科技—創新是一種社會公益

1. Pew Research, "Automation in Everyday Life," survey conducted between May 1 and 15, 2017, https://www.pewresearch.org/internet/2017/10/04/americans -attitudes-toward-a-future-in-which-robots-and-computers-can-do-many-human -jobs/.
2. Satya Nadella, Greg Shaw, and Jill Tracie Nichols, *Hit Refresh: The Quest To Rediscover Microsoft's Soul and Imagine a Better Future for Everyone* (San Francisco: HarperCollins, 2017).
3. George Gilder, *Life after Google: The Fall of Big Data and the Rise of the Blockchain Economy* (Latham, MD: Regnery Gateway, 2018).
4. "What Is Responsible AI," PwC, https://www.pwc.com/gx/en/issues/data-and-analytics/artificial-intelligence/what-is-responsible-ai/responsible-ai-practical -guide.pdf (accessed February 20, 2020).
5. World Health Organization, *Depression and Other Common Mental Disorders: Global Health Estimates* (Geneva: WHO, 2017).
6. Alison Abbott, "Gaming Improves Multitasking Skills," *Nature*, September 4, 2013, https://www.nature.com/news/gaming-improves-multitask-

ing-skills-1.13674.

第 11 章　規模大且速度快——迫切的問題

1. Intergovernmental Panel on Climate Change, https://www.ipcc.ch (accessed February 20, 2020).
2. Glenn Hubbard and William Duggan, "The Forgotten Lessons of the Marshall Plan," *Strategy + Business* (Summer 2008), https://www.strategy-business.com /article/08203?gko=4209e.
3. Global Alliance for Mass Entrepreneurship, https://massentrepreneurship.org(accessed February 20, 2020).
4. Kenichi Ohmae, "The Rise of the Region State," *Foreign Affairs*, March 1, 1993,https://www.foreignaffairs.com/articles/1993-03-01/rise-region-state.
5. Smart Africa, https://smartafrica.org (accessed February 20, 2020).
6. John M. Logsdon, "John F. Kennedy's Space Legacy and Its Lessons for Today," *Issues in Science and Technology* 27 (3): 29–34.
7. "Twenty Things We Wouldn't Have without Space Travel" (infographic), Jet Propulsion Laboratory California Institute of Technology, https://www.jpl.nasa.gov /infographics/infographic.view.php?id=11358 (accessed February 20, 2020).
8. Paul Hawken, *Drawdown: The Most Comprehensive Plan Ever Proposed to Reverse Global Warming* (New York: Penguin Books).

next 0299

危局：攸關自己與下一代的 4 大政經危機，我們選擇戰鬥或逃避？

作　　者—布萊爾．謝帕德（Blair H. Sheppard）
譯　　者—吳書榆
主　　編—陳家仁
企　　劃—藍秋惠
協力編輯—吳紹瑜
封面設計—廖韡
內頁設計—賴麗月
內頁排版—林鳳鳳

總 編 輯—胡金倫
董 事 長—趙政岷
出 版 者—時報文化出版企業股份有限公司
108019 台北市和平西路三段 240 號 4 樓
發行專線—（02）2306-6842
讀者服務專線— 0800-231-705、（02）2304-7103
讀者服務傳真—（02）2302-7844
郵撥— 19344724 時報文化出版公司
信箱— 10899 臺北華江橋郵政第 99 信箱
時報悅讀網— http://www.readingtimes.com.tw
法律顧問—理律法律事務所 陳長文律師、李念祖律師
印　　刷—勁達印刷有限公司
初版一刷— 2021 年 12 月 10 日
定　　價—新台幣 360 元
（缺頁或破損的書，請寄回更換）

時報文化出版公司成立於一九七五年，並於一九九九年股票上櫃公開發行，於二〇〇八年脫離中時集團非屬旺中，以「尊重智慧與創意的文化事業」為信念。

ISBN 978-957-13-9602-6
Printed in Taiwan

危局：攸關自己與下一代的4大政經危機,我們選擇戰鬥或逃避?/布萊爾.謝帕德(Blair H. Sheppard)著；吳書榆譯. -- 初版. -- 臺北市：時報文化出版企業股份有限公司, 2021.12
面；　公分. -- (next ; 299)
譯自：Ten years to midnight : four urgent global crises and their strategic solutions
ISBN 978-957-13-9602-6(平裝)

1.經濟情勢 2.國際經濟 3.國際環境問題

552.1　　110017554